お伝《でん》さんのあきない人生

――「たかはし」現役ママさん七十七歳奮闘記――

企画発案・監修　洋画家　野村泰資
（日本美術家連盟会員）

目次

はじめに──亡き母に捧げる──

大正十四年一月生まれの私、通称「たかはし」の〝お伝《でん》さん〟は、今年の正月で七十七歳を迎えました。

私と〝お伝さん〟という愛称の付き合いはもうかれこれ六十年になります。

私が十六歳というまだ花も恥らう頃に、初めて社会人として、大阪・御堂筋平野町の角にあります大阪瓦斯の本社にお勤めした時に、ある会社の社員の方から送られたニックネームが〝お伝ちゃん〟なのです。その謂《いわ》れは〝高橋〟という私の苗字からすぐに、一人の有名な女性〝高橋伝〟という人の名前を連想されて付けられたニックネームでした。しかし、まだ世間のことをよく知らない純情な私は、その女性がどういう人なのか知るよしもありませんでした。

私、高橋智弥子は社長さんをはじめ、上役さん、同僚の人たちから〝お伝さん〟〝お伝ちゃん〟と呼ばれて、大阪瓦斯の〝お伝ちゃん〟を知らない人がいないくらい、といいますと少し大袈裟ですが、それほど皆さんからこの愛称で呼ばれ、かわいがっていただきました。

それ以来です。私がどこでも、いつでも、誰とでも「高橋です」というよりも、「お伝です」といったほうが皆さんに通じるようになったのは。ですから、私は今でもこの愛称〝お伝さん〟を自分の分身のように思って大切にしています。

さて、人生七十七年といいますと喜寿といって、子供、孫、親戚中からその長寿を祝っていただく歳ですが、高齢化社会になった今日、〝お伝さん〟くらいの齢の人はたくさん元気に活躍していらっしゃいます。ですから百歳でも超えない限りは、本当に今の世の中、長寿であるとはいえないようになりました。

といいますのは、〝お伝さん〟の私などは、まだまだ〝元気に暮らしていけ〟と天からお墨付きをいただいたようなものです。そこで、私は七十七歳という歳をひとつの区切りとして、これからの生活を考え、ますます元気に暮らしていくその糧《かて》に、これまでの過ぎ去りし日々の中に、思い浮かんでくる栞《しおり》を紐解いて、あれこれ想い出すままに綴った〝お伝さんの随想〟を書き残したいと思い立ちました。

今日ここにこうして元気な〝私がいる〟ということは、過ぎ去りし様々な出来事と長き時間の中で、父、母から授けられた一節一節の教えを頑《かたく》なに守ってきたからだといえましょう。

また親しく交わってきた人々から、良きにつけ悪しきにつけ学ばせていただいたことを、心に刻み身に染みこませ、戒《いまし》めとしてきたからだと、私を育て励ましてくれた両親と皆様に感謝せずにはおられません。

特に、亡き母から受けた薫陶《くんとう》は、これまでの七十七年の人生の中で、いつも私の心の奥底にあって、その大きな慈《いつく》しみと愛の木はしっかりと私の心の中に根付いています。

母の教えを一言でいえば、

「自分を大切にして生きていきなさい」

ということだったのです。

自分を大切にして生きていく、ということとは、他人《ひと》様をも大切に思うことでありますし、自分がいつもしっかりと強く、正しく、美しく前向きに生きていくように心がければ、そのようには生きていかれません。

母の教えは私の中で何か事がある度に、私を正しく導き、励ましてくれる〝心の羅針盤《らしんばん》〟でありました。それだけに、この歳になる今日まで、今は亡き母の一言一言を片時も忘れたことはありません。

そこで、私が今日まで生きてきた証として、母から授けられた〝強く生きる〟という教えの下に〝強く生きてきた〟という姿を、これから社会で活躍する若い人たち、特に子供を育てているお母さん方に、語り継いでいくことが私の役目でないだろうかと思いました。

また、高齢化社会といわれる時代の中にあって、この私が毎日、元気に、しかも現役で頑張っているのですから、今、そしてこれから古希や喜寿を迎え、米寿になろうとする私と同じ世代の方たちにも、「明るく、元気でいつまでも頑張っていこう」というメッセージを贈りたいと思ったのです。

この随想は、私が身をもって体験したことから学んだ教訓や、辛苦の中で一人考えて、道を切り開いてきた人生の一頁一頁から得た実感と感慨を、普段着のままの文章で書いてあります。

どうか最後までお読みくださいまして、少しでも皆様の心の安らぎにお役に立てば私としましても幸せであります。それが亡き母へのなによりの供養になると思えるのです。

それでは〝お伝さん〟、七十七年の自伝風随想、最後までお楽しみくださいませ。

平成十三年　秋　好日

高橋智弥子

プロローグ―どっこいお伝《でん》さん魂《だましい》、いまだ健在―

今年（平成十四年）の春で、満四十二周年を迎える私のお店「たかはし」は、大阪の町の中心地、梅田の大阪駅から歩いてすぐ、現在の大阪市立北小学校のお隣りというところにあります。

そこはキタの曽根崎といって、近くには近松門左衛門の『曽根崎心中』で有名な「お初天神」があり、庶民的な飲み屋さんや、食べ物屋さんが軒を連ねる繁華街で、それはそれは賑やかなところです。

お店「たかはし」に出かける時、いつもはタクシーにお世話になるのですが、たまに地下鉄に乗って出かける時、私は梅田の地下街をぬけて、曽根崎警察署の前、近畿大阪銀行（昔の福徳銀行）のところにあるエスカレーターで地上に出るのを通い道にしています。

梅田の地下街は縦横無尽に繋《つな》がっていて、どの通りも両側にたくさんの商店や飲食店が並んで、毎日繁盛した商いをやっています。

一つの通りなどは、どこまで行っても飲み屋さんや飲べ物のお店ばかりで、さすが〝食い倒れ〟の街といわれるだけのことはあるのです。

そんなある日のこと、私はふと甘い物を食べたくなって、梅田地下街の、とある一軒の喫茶店に入り、ぜんざいを注文しました。

店に入る前に見たショウウインドーの〝ぜんざい〟には、見事なお餅がおいしそうに二つ並んでのっていました。

さて、出されたぜんざいを前にして、私はなんとなく物足りなさを感じたものの、そのぜんざいに箸をつけました。きっとお餅は下のほうにあるものと思いながらです。

ところが、お餅の姿かたちはどこにもありません。

私は黙ってそのお店を出ようとしました。当然店の店員さんから咎《とが》められます。お代金を払えというのです。私が長年、連れ添ってきた〝お伝さん〟魂の正義感がここで頭をもたげたのです。

「あの、ぜんざいは、あれがお店の売り物ですか？」

店員は何が悪いというように「そうです」と応えました。

「では、御代は払えませんな。サンプル品にはお餅が二つきれいに並んでいるのに、私に出されたものには入っておらんかったんですよ。サンプルと違う物を出しといて、お金をいただこうというのは、それはインチキと違いますか」

私のインチキ呼ばわりが気に入らなかったのか、その店員さんは直ぐに店の責任者を呼んできました。

その人も「食べたものは払え」というのです。

私は「ああ、この経営者はあかんな」とすぐに思いました。

私はこうなると断固として、私が正しいと思うところを貫き通します。

私がいっているのは、餅の一つ二つのことではありません。お客様に出す品をサンプル品として見せて、約束しておいて、それと違う品を出して、お金をいただこうというのは、商いの道に外れているのと違いますか、それでお金をいただいたら、約束違反、インチキになりますよ、といっているのです。結局、私の正義が勝ちました。どんな商売でもインチキはいけません。颯爽《さっそう》と店を後にする私の後ろ姿を、その経営者はポカンとした顔つきで見送っていました。

それからまもなくです、そのお店が代替わりしたのは。一事が万事、世の中そう甘くはありません。お伝さんの眼力は万事このように狂いはありませんでした。

今の世の中、人の心や命よりお金が第一ということが、新聞紙上にたくさん載っています。保険金欲しさに娘に毒を飲ませたり、恩ある人の財産を騙《だま》し取ったりと、お金に目が眩《くら》んだ犯罪が多過ぎます。商売もただ儲ければいいというだけで、お客様の心を大切にしないようなやり方が、大手をふってまかり通っています。何がこのような世の中にしてしまったのか、悲しくなります。でも「これが現実だ」などと訳知り顔で諦《あきら》めていうのではなく、いつの世も、悪いことは悪い、と声を上げて、しかもその場で正していくことが大切なのではないでしょうか。

第一章　生い立ちの譜《ふ》

1　母の白装束

★　母と娘

昔から、母と娘は一心同体だといわれてきました。

母親というものは自分の命に代えても、わが子の命を守ろうとします。それは、私たちの世代では当たり前で、なんの抵抗もなく受け入れられてきました。

そこにいくと、父親の中にはしょうもない人もいるもので、妻と子供が溺《おぼ》れていて、どちらか一人を助ける、どちらを助けるか?と聞いたら、その父親は「女房を助ける」と答えたそうです。「子供はまた、作ればいい」というのがその答えの根拠です。それが男性というか父親の偽らざる本心かもしれません。

ところが母親は同じ質問の「亭主と子供、どちらを助けるか」という問いに、大抵の母親は「子供」と即座にいいきります。母の子供に対する愛情の深さを物語っているではありませんか。

もっとも一番理想的な答えに「死にもの狂いで二人を……」というのがありますが、なかなかそういう理想的な人はいないようです。


私にとって、母は人生の師でした、すべてにおいて。

命を授《さず》けてくれただけでなく、母は私にきちんと人の道、賢く生きていく術、そして強く正しく美しく生きる知恵を授けてくれました。


今の考え違いをしている若い母親たちに、母の教えというのは、こうでなければいけないと、声を大きくしていいたいことばかりです。

私は歳をとり、次第に老いて小さくなっていく母を見るにつけ、

「昔はもっともっと、見上げるように大きかったのに」

と、哀しく思うことがあります。これも人の世の常として仕方がないことなのでしょう。


母が私に今生の別れを告げたのは、私が五十歳の時でした。

私の中に残る、母に対する数々の思慕を振り返ってみますと、指を折って両手で数え切れないほどです。

私はそれでも、母には精一杯のことをしてあげてきた、という自負はあります。それは負けず嫌いの私が、これまで生きてきて、人様に負けじといえる大きな自慢の一つです。

「母、母たらずとも、子は子たれ」という戒めがあります。

親が親らしくなくても、生み育ててくれた恩を、子は決して忘れてはいけない、という子の心がまえをいった言葉なのです。

今の世の中、「母、母なれば、子も子」という、それぞれが自分勝手な親子関係になってしまっているように見えます。

ところが私は、自分と母の生きてきた有り様を見て、考えると、「母、この母なればこそ、子たる自分、この母の子にならん」と、思って生きてきたといえます。

そんな私たち母娘にも、時には感情のぶつかり合いがありました。

私が商売を始める時が一度、そして、弟のことで一度。思い返すと、その二度だけだったように思います。

弟のことでは、母の母としての弱さ、悲しさをつぶさに見せられた思いがいたします。

子供のいない私には、その時の母が母として仕方がなく〝母の弱さ〟に負ける母の気持を解ってあげられなかったのです。

★弟よ、愚かな弟よ

私には二人の弟がいました。

上の弟は先の戦争で中国大陸の荒野に眠っています。

私と六歳違う下の弟は、母が歳をとってからの子で、母の愛情を一身に受けて育てられました。溺愛といってもいいくらいです。

私が進学の夢を持って懸命に勉学に励んでいても、母の「弟は男だから、進学の夢を絶って、譲ってやってほしい」という言葉で、私が進学の夢を絶たされたくらいです。

ところが、この弟が成人してからというもの、母の心配の種で、八十五歳にもなる母に、四十代の働き盛りの男が面倒ばかりかけているのです。

そして、その時、弟は自分で興した玩具会社を、自らの人生を歩く甘さが経営にも出て、にっちもさっちもいかなくなり、とうとう経営は破綻《はたん》し、何度も差し押さえを受けるやら、人様に迷惑をかけるようになっていたのです。

考えてもみてください。この頃、母は八十歳を超えていたのです。どこの世にこの年老いた母を養育もしないで、心配をかけ、迷惑をかける男がいますか。

「歳とってからの子やから、少しまずかったなあ」

「当たり前や！　今ごろいうたかて遅いわ。甘やかしすぎや」

そんな母娘の会話が何度もありました。

出来の悪い子ほど母はかわいいといいます。しかし、程度というものがあります。いつまでも自分を甘やかし、親離れしない弟に、私は本当に腹を立てていました。懸命にわが道を一直線に生きてきた私には、絶対に許すことの出来ない男としての姿がそこにありました。

いつか、弟の借財のことで、税務署の執行官が母の家に差し押さえに来た時でした。家中にお稲荷さんの境内のように赤い紙が張られていたそうです。

税務署員がそれでも、何かないかと物色している時、彼らは私の存在を知りました。

「お姉さん、梅田のほうで結構な商売してるやん。そっちの物も押さえられるんと違うか……」

それを聞いた母は、年老いた身体を玄関のたたきの上に投げ打って、「それだけは、せんといてください。お願いです。後生です。あの娘《こ》、智弥子はこの弟の件と一切関係ありません。

あの子の財産は、あの子が嫁にも行かんと一生懸命自分で築き上げたものです。家からは竈《かまど》の灰一握りも持ち出していません。

私がなんとかします。ですから、娘の物には手を出さないで。お願いです。もし、それでも行かれるというなら、私をここで殺してから行ってください。娘に申し訳が立ちません」

母は泣いて税務署員に頼んだそうです。そして、親戚中に頭を下げて回って、お金を集め、その苦境を乗り切ったといいます。

私はその話を後で父から聞きました。母の私を思ってくれる心の深さを知り、涙が止まりませんでした。それだけ、余計にだらしがない弟を許すことは出来ませんでした。

私は母譲りの一本気で生きてきましたから、理不尽なことに目をつぶる訳にはいかない性分です。

大阪で万国博覧会が開かれた年ですから、昭和四十五年頃だったと思います。

商売も順調にいき、人並みに結婚もしていた私は、これも母のお陰でここまでになれたと、親孝行の気持もあったのでしょう。親戚をたくさん招いて、生駒の別荘で歓待したことがありました。今里新地で芸者さんを揚げての大宴会です。

さて、それが済んでしばらくすると、あれほど水商売をしている娘だと、人のことを蔑《さげす》んでいた親戚の者から、借金の申し込みがあったのです。

私は人の心の醜《みにく》さ、汚さを見た思いがしました。

もちろんお金を貸すつもりはありません。私は、そういってきた人たちに、連綿《れんめん》と私が今日までになった思いと、苦労の日々を綴った手紙を添えて。断りの訳と、どうか努力して今の窮状《きゅうじょう》を乗り切ってくださいと書きました。

私が一人でしてきた苦労に比べたら、人に頼ろうかという気持があるだけ、その方には余裕があるのかもしれません。また、安易に人に甘えることをしていたら、なんの解決にもならないことをいってあげたかったのです。

私は自分の歩んできた道を書いているうちに、何度も辛い日々が思い出され泣きました。泣いて泣いて、涙で文字が汚れては、また書き直しては泣きました。

弟に対してもそうです。

私は決して冷酷無比な鬼でもなければ、蛇でもありません。弟に救いの手を差し延べる気持はいつも持っていたのです。母の喜ぶ顔を見たさに。

しかし、私は自分がなんの努力もせず知恵も働かさず、反省もなく同じ過ちを繰り返す弟には、私の生きてきた信念とは違っていますから、その人に手を差し延べることは、自分の信念に汚れをつけるだけですから、助けの手は出しませんでした。

もし、弟が、

「姉ちゃん、ワシ、甘かったで。これからは心を入れ替えてこうするつもりで、精一杯やってみせるから、もし、上手くいかない時は、助けてくれるか?」

といってきたら、この〝お伝さん〟が黙っていますかいな。

「まかしとき、きばって、思い存分やってみいな。姉ちゃん、後ろについてるからな」

といっていたと思います。それが、母から教えられた筋道というものですから。

しかし、弟からは恨み言《ごと》は聞えてきても、その前向きな言葉はただの一度も聞えてきませんでした。

★　母の最期の教え

母が亡くなる一週間前のことでした。

節分が過ぎて、春遠からじといっても、生駒の麓にはまだ草木の芽生えもなく、冬枯れの大地に冷たい風が木の葉を揺らしています。

「智弥子、ちょっと来ておくれ」という母の電話を受けた私は、すぐに母の許《もと》に飛んでいきました。いったい何事だろう。母から私を呼び出すことなんてめったにないことだったのです。

「いったい、どないしたん？」

家に上がって、私はびっくりしました。

ここ最近は床を離れることが出来なかったはずの母が、生まれ故郷の半纏《はんてん》を着て、床をたたんできちんと私の前に正座をしていたのです。

「寝とらんでもええの？　無理したら、あかんよ」

私がそういうのも構わず、母は着ていた半纏をパッと脱ぎ捨てたのです。

私は思わず息を飲みました。

「なにしてんの？　その格好！　自害でもする気！」

母は白装束でした。

私の目を射るような純白の白装束で、母は私の前に座っていました。

驚きのあまり、おろおろしている私に向かって、

「そこに座りなさい」

と、落ち着いていうと、私に上座を指しました。怪訝《けげん》な顔をしながらも、年老いた母の凛《りん》とした態度に気圧《けお》されて、いわれるままにその座に私は座りました。

「これからお母ちゃんがいうことを、よく聞いてね、智弥子」

母は私の目を下座からじっとみつめたまま、こう切り出しました。

「あなたが、今の商売を始める時、たとえ三年であっても、親子の縁を切ったことはよもや忘れてはいませんね」

「………、………」

「さぞかし、薄情な母と思ったに違いありません」

私は、勘当の念書まで書かされた十五年前の、あの時の光景を思い浮かべていました。

「でも………。私は、一時《いっとき》なりとも、あなたのことを忘れたことはなかったのですよ。あなたの着物を衣紋《えもん》掛けにかけ、陰膳を据えて、毎日無事を祈っていたのです」

「陰膳を……」

「そうです。私ばかりではありません。お父さんもあなたの身を案じて願をかけていましたし、何度も、あなたの店の前まで行ったことか……」

私には初めて聞く話でした。

「あなたは小さい時は病弱でしたが、本当に手のかからない子でした。病弱なのは生んだ親の責任です。戦争が終わって、他所様《よそ》の子は、やれ、米をくれ、着物を作れ、自分が産んだ子の面倒を見ろだの、とどのつまりは金を出してくれといってきているのに、あなたはただの一度もそういうことはありませんでした。私にとって、あなたは親に頼らず一人で立派に生きてみせていた、自慢の娘だったのです。涙が出るほど嬉しかったですよ」

母はそういって、白い袖でそっと目を押さえていました。

「それも、みんなお母ちゃんのお陰……」といおうとした時、母の話が弟のことに触れています。弟の名を聞いた途端、私は自分の感情が高ぶってくるのが分かりました。

「それに引き替えあの子は……。あんたにもえらい迷惑をかけて……、でもな智弥子。あの子も私のかわいい子には違いないのや」

「お母さんが甘やかしすぎたんや、あれほど私がいうたにもかかわらず」

　この言葉は、今この場で、この母にいうのは酷《こく》とは思いましたが、私の押さえきれない怒りの感情は母にそういってしまっていました。

「あなたが、その気持のままでしたら、私は死んでも死にきれないねえ……」

　母は寂しく俯《うつむ》いています。そして、意を決したように、

「私を助けると思って、私の最後の願いを聞いてやってくれないだろうか。どうか、弟を許してやって……。お願い」

　悲しい母の子を思う心の叫びでした。わが子に代わって、わが身を投げ捨てての懺悔《ざんげ》です。賢く、賢婦人といわれた母の、愚かにも愛に溺れた姿でした。

　母の慈愛に私は負けました。不思議と私の心は素直になっていました。後で思うことですが、この時にも母は私に一つの教えを授けようとしていたのかもしれません。

　人は、人を責めることばかりでなく、許す心も持ちなさい、と。寛

容の心がなければ、自分の身体を痛めます、世間に敵を増やしていきますよ、と教えていたのだと思います。死を賭《と》した白装束の覚悟で。私の母はそういう人でした。

「……許したるわ。お母ちゃんがそれほどまでいうのなら……。でもな、今後一切、あの子は、高橋の子やと、思わんといてや」

「ありがとう。智弥子、あなたは賢い子です。私が例え、あなたの弟のことで地獄に落ちても、閻魔様には私からあんじょうあなたのことはいうておくよってに、弟のことは頼みます。許してやって……」

普段は何一つ弱いところを見せたことがなかった母が、娘の私に頭を下げています。

私は母のほつれた白い髪のうなじを見ていて、限りなく母が愛《いとお》しくなりました。

母は小さくなっていても、私には大きな母でした。

それから一週間後、昭和五十年二月の九日、母志美江は天国に旅立ちました。私と心残りなく別れを告げたと思ったからでしょうか。

2　回　想

今年で七十七歳の私〝お伝さん〟の歳は、過ぎ去りし昔の年代を思い浮かべるには非常に分かりいいのです。

私が十六歳の頃は昭和も十六年の頃ですし、昭和が六十年の頃は私も六十歳頃で、まさに昭和という時代と共に歩いてきたといえます。

平成という御世になってから、少々ややこしくなって、平成の年号に六十三を足した数が偽りのない私の歳ということになりますが、そんなに仰山な歳を数えたくもありませんし、まだまだ気も心も若い人に少しも引けを取っていないと自負する私ですから、あまり指を折って数えんといてほしいというのが、私〝お伝さん〟の正直な〝女心〟です。

それはさておき、私はこの頃になっても、一つの同じ夢をよく見ます。

その夢は小さな女の子が、一人夜汽車に乗って、何やら遠い知らないところに出かけていく、汽車の中の光景なのです。

「こんな遠いところに来てしもうて、どこに行くのだろう、早くお母ちゃんのところに帰らんと叱られる」と思うものの、その子を乗せた汽車は暗い夜の闇の中を、ゴトンゴトンと眠くなるようなリズムを響かせて走り続けます。

そうです、女の子は何時《いつ》の間にか私になっているのです。

黒い制服を着た車掌さんが、私を見ながら近寄ってきます。

十一、二歳くらいの子供が一人、夜汽車の旅ですから心細くて仕方がありません。知らない大人から何をいわれるか不安で、手の中にしっかり握った切符は汗でしなっとしてしまっています。

黒い制服の車掌さんの姿がのしかかるように大きくなって、恐ろしさで心臓が止まりそうになった時、決まって私はふっと目が覚めるのです。夢から覚めた私の両の掌はしっかりと握られていて、汗までかいています。

「また同じ夢を見ていた……」

ほっと息をつきながら、私は遠いその日のことを思い返すのです。

3　望郷

昭和十二年、春の頃だったと思います。

私は身体の弱い父の名代で、祖父の法事に一人で東北の岩手県・花巻まで行かされたことがあります。花巻は私の生まれ故郷でもありました。

今のように飛行機の便も、新幹線もありませんから、大阪から汽車を乗り継いで丸一昼夜の旅だったでしょうか。大きな革の旅行カバンの中には着物をはじめとした衣類と、仰山なみやげ物が入って、子供の手に負えないほどでした。

学校の勉強で地図では見たことがある花巻という地名も、実際に行くとなると、どれほど時間がかかるのか、大阪からどのくらい離れているところなのか、さっぱり実感が沸いてきません。

それでも、子供の頃から恐いもの知らずのところがあった私は、母の言い付けを素直に聞いて、父の故郷に一人で出かけて行きました。子供心にちょっぴりとした冒険心と、遠いところに旅が出来る楽しみがあったのかもしれません。

今思い返しますと、母の度胸のよさにはつくづく驚かされます。昭和十二年の七月には盧溝橋《ろこうきょう》事件で有名な日中戦争が始まり、国全体が緊張していた時代のあの当時、まだ子供だった私を、しかも娘一人で遠い岩手の花巻に旅に出したのですから。旅の途中にどんな災難や、恐ろしい目に遭わないとも限りません。

そうするには、母には母なりの考えがあってのことだったのでしょう。

母はきっと私を子供だから、女の子だからといって、何も世間というものを知らずに、自分で考えて生きていく術《すべ》に戸惑うように育ってはと思ったに違いありません。

「かわいい子には旅をさせよ」と言われるように、この旅を通して母は私に社会というもの、世間という場所と人、そこで一人になった時に、自分で考え、きちんと判断して、物事を正しく解決していけるトレーニングをさせようとしたのだと思います。

確かに、大阪から北国の花巻までの道すがら、私は緊張のしっぱなしでした。手荷物にはいつも気を配り、お金と切符は肌身離さず、知らない人とは口もきかずに、夜汽車の座席で一人固まるようにじっとしていたのでしょう。

乗換えをする上野駅は人ばかりが多く、暗かった印象が今でも残っています。

そんな気を張り詰めた子供の一人旅でも、私が車内で安心して眠ることが出来たのは、一人の車掌さんのお陰でした。その車掌さんはいつも私に心を配ってくれていました。側を通る度に優しく声を掛けてくれますので、私は見守られている安心感と、旅の疲れからぐっすりと眠ることが出来たのです。

世の中には恐いことばかりでなく、優しい人情があることをこの時、私は身をもって感じました。

目が覚めると、汽車は緑豊かな山々の狭間《はざま》を縫って走っていました。辛夷《こぶし》の花が咲く木の間越し遥か彼方に、大きな川が線路に沿って流れています。

車掌さんが「あれが北上川だよ」と教えてくれたのを覚えています。

花巻駅のプラットホームには、父の妹の叔母をはじめとして、たくさんの人が、父や母が話す言葉と同じ耳ざわりのいい温かい言葉で、迎えてくれました。

気丈な私も叔母の姿を見て緊張が解けたのでしょう、わっと泣いて叔母に抱きついていったのが、今でも遠く思い出されます。

4　父、そして母の故郷

私が大阪、生野第三小学校に通い始めた頃、子供心にとても不可解な思いをしながら学校に通っていたことがあります。

私たち家族が住んでいたところは、大阪でも下町の雰囲気のあるところでした。ですから、学校に行くとクラスの友達はみんなコテコテの大阪弁で話します。

子供はすぐにその土地土地の言葉に馴染みますから、私も難なく大阪弁に染まって話のやりとりをしていました。

それはいいのですが、さて、家に帰ると父も母もその当時はまだ、根っからの東北弁丸出しで話をしているではありませんか。

「智弥子、今、けえったのけ？　しっかり勉強せねばなあ～す」

眠くなるほどそれはゆっくりと、穏やかに話すのですから、ぽんぽん早口の大阪弁と話のリズムが噛《か》み合いません。そんなこんなで、私はしばらくは学校に行けば大阪弁、家に帰ると東北弁と使い分けていましたが、終いには大阪弁と東北弁の二つのお国訛りが家の中を飛び交っている有様になっていました。

そこでなんで父と母の言葉はへんなのだろうと、母に聞いたことがあります。

母は夕食の済んだひと時、ゆっくりと花巻のこと、高橋家のこと、自分たち夫婦のこと、そして私たち家族がなんで大阪に来たかの訳を話してくれました。

母の物語る声はとても耳に心地よく、話すリズムは一定の抑揚があって、つい身を乗り出して吸い込まれそうな気持で聞いたものです。父はそんな母と娘の側で黙って肯《うなず》いて二人の話を聞いています。

父、直助は岩手県花巻市石神の生まれで、祖父が営む高橋木工製作所の三男でした。

祖父をはじめ父の兄弟たちはみんな学究肌の人で、特に祖父の高橋常吉は様々な器具を発明しては、地域の農業開発に貢献《こうけん》していたと聞いています。

子供の頃、確か花巻石神にある父の実家のすぐ脇を流れる小川に、祖父が考案した水車が回っていたのを見た記憶があります。小川の上に張り出した家の縁から、その床板の節穴から糸を垂れて、父と一緒に小魚を釣った記憶が残っています。

母、志美江は山形県飽海郡植田村字古川の生まれで、家は代々、屋敷の中に三百坪もある畑を持つような豪農でした。

その豪農の娘として生まれた母は、当時奨学金をもらって上の学校に行ったというほどですから、成績はかなり優秀だったのでしょう。

私が大きくなって一度母の実家を訪ねたことがありますが、門構えも堂々として、屋内には長押《なげし》に槍や長刀がかかっていましたし、門の両脇にある馬屋といい、豪農というよりはとても立派な武家屋敷の風情です。

そんな父と母が結ばれるきっかけになったのは、明治四十年の函館の大火だったそうです。

当時の函館の町は急激な人口の増加にともなって、建物の防火対策が追いつかなく、この時の火災はおよそ九千軒もの家屋を焼き尽くし、大きな被害をもたらしたそうです。

そんな焦土と化した函館の街を復興するために、大勢の大工さんが内地から駆けつけ、その中に私の父の姿もあったのです。

父と母はそんな復興する函館の街で出会いました。

母は父よりも一回りも年が上だったのですが、よほど父は母が気に入ったのか、お互いが強く惹《ひ》かれ合ったのか、愛があれば年の差なんて……の最先端の二人だったようです。

やがて二人は結婚をし、父の故郷、花巻の石神で所帯を持って暮らし始めました。

しかし、もともと喘息《ぜんそく》もちの父にとって東北の花巻は、寒さが肌に針をさすように厳しく、決して住み易い環境ではありません。

そこで、夫婦で相談した上で、昭和四年、私が四歳の時に一家は花巻を離れ大阪に移り住んだのです。

夜汽車に乗っての家移《や》り、引っ越しの旅です。向かい合わせた堅い座席に板を渡して簡易の寝床を作り、私をそこに寝かせての長旅はそれは大変だった、「丸いお尻がまっ平らになった」と、よく母から聞かされました。

世界恐慌《きょうこう》の足音が忍び寄り、世の中がどこか落ち着かない不安と戸惑いとが織り交ざった中、街には「東京行進曲」のメロディが流れていた時代だったといいます。

私が「なぜ東京でなく大阪だったの？」と母に聞くと、父の身体を思って少しでも南の土地がいいだろう、それに新しく再出発するからには、東北に近い東京では故郷の人が事あるごとに訪ねてきて、煩わしさもあったからということでした。

自由で闊達《かったつ》な、都会志向を強く持っていた母を受け入れてくれるには大阪が一番だったようです。なんの拘《こだわ》りもなく直感で大阪の街を選んだ母のお陰で、この私もこれまで大阪の街で暮らしてこられたのですから、縁とはいうものの、今さらながらに母の選択に感謝しています。

私の両親は、父を一言でいえば、無口で頑固なまでに一本気な職人気質の人で、母は静かで優しい中に凛《りん》として、自分を持っている厳しい母でした。

どうやら私はこの母の気質を多分に受け継いできたように思います。

5　追憶

★ 習い事はじめ

私の下に弟二人が生まれ、家族が増えた私たち一家は、林寺新家町から、南生野に移り住み、そこで私たち一家の新しい生活が始まりました。

今の私からとても想像できないことですが、子供の頃の私はとても病弱だったといいます。

そんな私を心配した母は、小学校二年生になった私に、坂東流の日本舞踊を習いに行くことを勧めてくれたのです。

その当時まだ家の家計もあまり豊かとはいえない中で、私に習い事の一つもさせようとする母の気持を大切に思って、私は一生懸命にお師匠さんのところに通いました。

お金持ちのお嬢さん方は、よくテレビドラマで見るように、お手伝いさんをお供に連れてお稽古にきますが、私についてきてくれたのは母でした。

その母がお師匠さんにいった言葉が今でも耳に残っています。

「私は智弥子のお供の女中になります」

こう言い切った母は、私の扇子や手拭いを持って、自分もきちんと着物を着て、私のお稽古通いについてきてくれました。

母は私がお稽古をする間じっと私の所作を見ています。

そして、家に帰るとすぐにおさらいをさせられ、母は見ているだけで覚えてしまうのでしょう、少しでも私が間違えると厳しく、

「あっ、そこは違うでしょ、ここはこうするの！」

とお師匠さんと同じことをいって直してくれます。まるで私には二人のお師匠さんがいるようでした。この踊りは六年生になるまで習い続けました。

今日、私が健康でいられるのも、この日本舞踊を習った時、母から厳しく躾けられた教えがあったからだと思います。

お稽古の最中、母からはよく、「背筋をしゃんと伸ばして」とやかましくいわれましたので、そのお陰か私は今になっても、人様からよく「お伝さんは姿勢がいいね」と誉められます。

背筋をきちっと伸ばしていることはとても大切なことです。

心がいつも真っ直ぐでいるような気がしますし、お食事などもきちんと胃に収まりますからいつも健康でいられるのです。

昔の人が「健康な身体に健全な精神が宿る」といいましたが、その通りだと思います。

それにはいつも姿勢を正しくしていることが大事なのではないでしょうか。

また、この踊りを習ったことは、それからの私の人生の中で、私に大きな自信を植え付けてくれました。私が母校の会に出たり、人様とお付き合いをする上でとても役に立ったのです。

★ 負けず嫌い

私の性格の一つに〝負けず嫌い〟というのがあります。この性格のお陰があったからこそ、今の私があるといっても言いすぎではありません。もちろん、人に負けないためには、人の倍は努力しなければなりません。

負けず嫌いは決して人に勝つことだけではありません。自分の弱い性格が出た時に、その自分に勝つ「なにくそ、ここで負けてたまるか」と、自分に挫《くじ》けそうになった時に出す意地が、本当の負けず嫌いだと思うのです。こんな〝お伝さん〟の負けず嫌いな性格も、母から受け継いだものだと、私は小学校の四年生の時から習いはじめた算盤塾《そろばんじゅく》のことを思い出します。

学校の勉強はどの科目も良く出来て、記憶力には自信がありましたが、ただ一つ私が苦手だったのは算盤《そろばん》で、初めからなんとなくとっつきが悪く、慣れるまでの試験の成績はいつも限りなくゼロに近い点をとっていました。もちろん不甲斐《ふがい》ない自分に本人も腹を立てていましたが、私以上に悔しがり、気に病《や》んでいたのは、婦人会の役員でもあった負けん気の強い母だったのです。

早速、母は評判のいい大阪珠算連盟のとても良い先生を探しだしてきて、私をそこに通わせました。

今の塾と違って、その当時の塾というのは、学校で教えないことを習いに行く、自分の教養を身につけるための塾であったのです。今の子供さんのように人に遅れを取る、取らないとかで行く受験本位の塾とはちょっと違っています。

算盤塾はどうやら私に向いていたようでした。

見積もり算や暗算など計算別の得手不得手はなく、私は毎月のように上級していき、わずか二年で二段に上がることが出来たのです。自分でも不思議なほどの上達ぶりでした。

それというのも、一つ上のクラスにとても上手な男の子がいたからで、お互いに相手にだけは負けたくない一心で頑張り、いつも二人で競っていたのが良かったのでしょう。

ライバルがいるということは、やる気を人一倍起こさせてくれます。これも負けん気のいいところです。

その結果、六年生の時には珠算連盟の全国大会に出場し、なんと私は第五位に入るほどの腕前になっていました。褒美《ほうび》にいただいた銀杯を家に持って帰りますと、父は喜んでそれで大好きなお酒を飲んでくれたほどです。

母がなぜ私に算盤を習わせたかを考えますと、もちろん母の負けん気はありましたが、決してそのためだけではなかったような気がします。人生の中で、先を読んだり、結果を順序だてて計算していくことはとても大事なことなのです。

悪い言葉でいう〝計算づく〟では決してありません。

何事も先を見越して、転ばぬ先の杖も必要な時があるのです。そのためには、正しく計算を積み重ねて、正しい答えに行き着く頭のトレーニングには算盤が一番ですし、その修練の積み重ねが生きていく上で、とても大事なことだと母は思ったに違いありません。

今の人たちは、フリーターさんにしてもそうですが、どこか行き当たりばったりな生き方をしている人が多いのではないでしょうか。負けず嫌いは強がりとか強情とは違います。自分に負けないように、人よりも一層の努力をすることが本当の負けず嫌いなのです。努力が無駄になることは決してありませんから。

この気持が〝お伝さん〟の負けじ魂というものです。

そんな私も一度だけ負けず嫌いな性格を、ぐっとこらえたことがありました。

勉強が好きだった私も小学校を卒業したら、上の学校に行くものと思っていましたし、母も進学させようと思って、よく二人でどの学校にするか話をしていたのです。

私は東京の慶応義塾に行きたいといいました。ご承知のように、その学校の創始者は福澤諭吉先生です。私はこの福澤諭吉先生の「天は人の上に人を作らず、人の下に人を作らず」という訓《おし》えが大好きでした。

母にしてみれば、お嬢さん学校と違って、予想外の答えで驚いたようです。その頃から私の人と違う方向に行く癖はあったのでしょう。

そんなある日のこと、母が沈痛な面持ちで私に話があるといってきたのです。当時、父の身体の具合があまり勝れず、仕事のほうも上手くいってなかったことは、子供の私でも敏感に感じていましたから、家計の苦しさはうすうす気がついていました。

母の顔色を見て私はとっさにピーンときたのです。母は預金通帳を見せながら、

「お前は頭のいい子だから、上の学校に行かせてやりたいけど、今の家の経済力では、弟たちの学費を取っておくのがやっとなの。どうか、上の学校に行くことを考え直してもらえないだろうか」

と、二人の弟たちに譲ってやってくれというのです。

女が学問を積んでも仕方がない、結婚して家庭に入る者に学問はいらないという時代でした。私は母の言葉を受け入れて諦《あきら》めましたが、悔しくて涙が止まりませんでした。

あの時、進学していたら……と今でもそう思います。進学していたら、負けず嫌いな私のことですから、きっとどこかの大学の名誉と言わないまでも、名物教授くらいにはなっていたかもしれません。人生の岐路というのは人それぞれにあるもので、私はその時から別の道を歩き出していたのです。

だからといって後悔しているわけでは決してありません。精一杯、努力してどんな環境でも強く明るく美しく歩いて来た〝お伝さん〟に〝後悔〟という言葉はないのですから。

★ 室戸台風

負けず嫌いな私でも、とてもこれだけには叶わなかったというのが、私が九歳、小学校三年生の時に生野第三小学校で体験した、大阪に未曾有の災害をもたらした「室戸台風」でした。

今でも、その風と雨の恐ろしさを思い出すと鳥肌が立ちます。

いくら両親が函館の大火が縁で結ばれたからといって、その子供の私に大水の洗礼はないでしょうに。

天は偶然とはいえおかしな巡り合わせで帳尻を合わせるものです。昭和九年九月二十一日、南方海上に発生した低気圧は北上するにつれて、勢力を増し真っ直ぐに大阪湾に入ってきました。聞くところによりますとこの台風は、本当に大阪湾に入ってから勢いをさらに増したそうです。

夜明け頃から雨風が強くなっていましたが、今のように子供の安全を考えて休校にすることなどなかった時代です。

それでも私たちは近所の子と誘い合って、真っ暗になった空模様に戦《おのの》きながら登校しました。

昼間近だったでしょうか、時刻はよく覚えていませんが、ものすごい風と雨が校舎の外を吹き荒れていました。横殴りの雨のしぶきで外は真っ白になっていますし、強い風で教室はゆらゆらと揺れて、今にも倒れるのではないかと、心細い思いをしたのを覚えています。

先生からいつでも逃げ出せるよう支度をする指示があった時です。教室の窓ガラスは割れるわ、雨は吹き込んでくるわ、外は瓦が飛び交い、まさに暴風雨真っ只中です。

強い風と雨に吸い込まれそうになって、恐ろしさに泣き出す生徒もいました。普段は負けん気の強いさすがの私も、恐ろしさで真っ青になっていたと思います。

クラスの生徒が一つに固まって、恐ろしさの中で途方にくれている時でした。

「智弥ちゃん、智弥子ちゃんはどこや！」

という声が聞えてきたのは。

そうです、母が町の青年団の人を集めて、学校に迎えにきてくれたのです。その時には他の生徒の親御さんたちも、わが子を助けに駆けつけていましたが、中には迎えのこない子もいました。

私を助けにきてくれた青年団の人の背中に負われた私は、その友達を一緒に連れて帰るために、

「あの子も連れていって、あの子も友達やねん。負《お》ぶっていって！」と叫びました。母を先頭に、何人かの青年たちに背負われた私と友達は、一塊になって風雨の激しい中、生野の小学校から命からがら逃げ出したのです。

この大阪を襲った「室戸台風」は関西一帯に大きな被害をもたらし、死者、行方不明者は三千人を超え、四万二千戸の家が被害にあいました。中でも、大阪市内の小学校の被害はひどく、その七割以上が大破倒壊し、学童の犠牲者も三百人あまりに上ったそうです。

特に私たちの涙を誘ったのは、嵐の中、教え子の命を守ろうとして、倒壊する校舎の下敷きなって亡くなった先生方の殉職《じゅんしょく》された悲話が、連日のように新聞の紙面を埋めたことでした。

教え子をわが身でかばって命を救い、自らは命を落とした先生方が大勢いらっしゃいました。まさに聖職者の鑑《かがみ》というべき尊く気高い姿だったと記憶しています。

6 〃お伝さん〃花のOL時代

★ 大阪・瓦斯ビル

昭和十六年、高橋智弥子に十六歳の春が来ていました。

天王寺第二高等小学校を卒業した私は、進学を諦めてその年の春四月から、大阪御堂筋にある大阪瓦斯㈱、今日の大阪ガス㈱本社に就職をしました。

淀川河畔、大阪造幣局の桜の木々が満開の花をつけて、私の社会人としての第一歩を祝ってくれているようでした。

昭和八年（一九三三）、御堂筋のほぼ中央、平野町の角に竣工した大阪瓦斯㈱の本社、『大阪瓦斯ビルヂング』通称『ガスビル』は、商都大阪が躍進するシンボルとして、市民に親しまれているビルです。

建築家の安井武雄さんの設計による、地上八階建てと一部五階建てで構成される白亜のビルは、当時の大阪でも最も近代的でモダンな美しいビルと称されて、今世紀二十一世紀に入っても近代名建築の一つに挙げられています。

一歩その中に足を踏み入れると、一階にはガス器具の陳列場があり、ガスビル饅頭やガス焼き芋などが実演販売されて、御堂筋名物となっていたほどです。

また、二階の六百人が収容できる講演場、ホールでは朝比奈隆さん指揮する音楽会や、淀川長治さん企画の名画試写会、エンタツ・アチャコの漫才などが催され、いつもたくさんの大阪市民が訪れていました。

さらにビル内には美容室、喫茶室をはじめ、料理講習室まであり、中でも八階にある食堂は、本格欧風料理とともに、東南に大きく開かれたガラス窓からは、市民の力で再建された大阪城などが展望できて人気でした。

そのように私が入社した大阪瓦斯の「ガスビル」は、まさに趣味と実益、ガスが開く新しい時代の近代都市生活と文化が集まった

〝文化の殿堂〟ともいえ、広く市民に親しまれていたのです。

私が入社早々、配属されたのは講演場を管理する仕事で、お茶汲みはもちろんのこと、電話の応対からスクラップの整理、そして講演場の受付にと、実に多くの仕事をこなしたものです。

どの仕事も大阪瓦斯という会社の『ガスビル』の社員というプライドがありますから、少しも疎《おろそ》かには出来ません。

お茶を差し上げる時もその仕草で本人の素養はもちろん、会社の教育が疑われてしまいます。電話の応対などは顔が見えないだけに、口の利きようによっては、会社の印象を悪くし、大事なお客様を失ってしまうことだってあるのです。

目立たない仕事、陰の力になる仕事ほどなくてはならない、誰かがやらなければならない大事な仕事なのです。そういうところの仕事をきちんとこなして、やって見せてこそ人の価値は決まるものだということを、私はお勤めの中で学んでいき、その一つ一つが後の人生に役立ったのでした。

★〝お伝さん〟命名のいきさつ

私が大阪瓦斯㈱の「ガスビル」に通った期間は昭和十六年の春から、十九年の秋頃だったと思いますが、その足掛け三年の月日の中には、数々の思い出が詰まっていて、今も懐かしく思い出すことばかりです。

私が勤め出して一年半が経った頃だったと思います。仕事にも馴れ、自信のついた私は、銀杏並木の綺麗な御堂筋をハイヒールの音も高らかに、毎日を楽しく「ガスビル」に通勤していました。

そんなある日、その当時、ビルの五階にあった管理部に転属になった私は、何かの用事でエレベーターに乗っていましたが、社員は使ってはいけないことになっていたのですが、私は何故か堂々と乗っていたのです。

そこに二人の男性の方が乗り合わせてきました。小柄な私は二人の男性の間で小さくなっていましたら、そのうちの一人の方から、

「君！　名前は？」

と尋ねられたのです。咎《とが》められたのかと思っても、逃げ隠れは出来ません。

「高橋です」

私の答えを聞いた二人は、

「そうか、お伝ちゃんか！」

といって顔を見合わせ、ニヤッとされています。

そして私と同じ五階でエレベーターを降りていかれました。

その方たちは、私がいる管理部と同じ階の、廊下を隔てた向い側の会社、ワーナー・ブラザースという映画を配給する会社の方たちで、確かお名前は皆川さんと西さんだったように記憶しています。

〝お伝ちゃん〟といわれても、私はその名前が誰なのか分からずに、キョトンとしていたものの、二人は確かに私に向って〝お伝ちゃん〟と名を付けていったのです。

分からないことを分からないままにしておく私ではありません。

すぐに、部屋に帰って部長にいきさつを話し、

「お伝ちゃんって、どういう意味ですか?」

と尋ねたのです。

「うん、〝お伝ちゃん〟か、それはいい」

部長は笑って、

「なに、気にすることはあらへん、そりゃあ、いい名前だよ」

といって、私の肩を軽く叩いて部屋を出ていってしまいました。

この時です。私に〝お伝ちゃん〟という愛称がつけられたのは。

家に帰ってからも、会社でいわれた〝お伝ちゃん〟という不思議な名前への拘《こだわ》りは、胸につかえてなかなか腑に落ちません。

そこで母にまた今日あったことを話し、〝お伝ちゃん〟の訳を聞いてみますと、母までもが私の話に笑い出す始末です。

ひとしきりの笑いが治まった後、母は、

「あなたが、朗らかで、はっきりとしているからでしょう」

といってくれましたので、まだ純情だった私は、母のいう言葉を

信じて、そういう人のことをいうものかと、その時はへんに納得したものでした。

私がその人のことを知ったのは、それからしばらく経ってからです。

今ではもうこの名前の女性を知っている方は、よほどのお年を召した方か、酔狂《すいきょう》な方くらいですから、ちょっと触れておきましょう。なにしろ、私〝お伝さん〟の元の名前の持ち主なのですから。

高橋伝という女性は、明治も初期の人で、実は犯罪者なのです。女の身で強盗殺人を犯したのですから、当時は稀代の毒婦として評判になり、芝居や映画、小説にも多く書かれているほどの人です。

彼女は群馬県生まれで、沼田藩の家老の庶子とか、博徒の娘とか言われていますが、確かなことは分かりません。病気の夫を抱え、その治療に東京に出てきたものの、人に騙され、夫を失い、持っていた金銭まで底をつき、とうとう犯罪に走ってしまったのです。

明治九年八月二十九日、東京は蔵前の旅館で一緒に泊まった古着商の後藤吉蔵という人の首を剃刀で掻き切り、お金を奪ったということで、逮捕され、翌年、斬首《ざんしゅ》の刑に処せられたのです。

この高橋伝の斬首の刑が日本の斬首刑の最後だったということでも有名になったのです。

思えばこの〝お伝〟さんは不運な境遇といい、気の毒な方だったのではないでしょうか。

人間、長く生きていますと、どんな思いがけない災いが振りかかってくるか分かりません。それを未然に防ぐには、やはり本人のしっかりとした判断力が必要ですし、日頃から用心して身の回りを清潔にしておくことも大事なことだと、つくづくと思い知らされました。

それはさておき、私には大変な女性の名前が贈られたものです。

しかし、私に付けられた愛称は、やはり母のいうとおりに、私の持って生まれた性格からのもので、覚えよく、誰でもが一度聞いたら忘れない愛称ですから、私に贈られた愛称だと考えるようにしていました。

だから私は私の〝お伝ちゃん〟を誰にも後ろ指を指されることなく、精一杯、力強く正しく生きていこうと心に決めたものでした。


さて、私の〝お伝さん〟の命名の謂《いわ》れはこのくらいにして、大阪瓦斯という会社を振り返って見ますと、あの時代の中で、本当にすばらしい会社だったと、今でもそこに勤めたことを私は誇りに思っています。


何よりも、会社全体に人の和があって、上に立つ人たちは片岡直方社長をはじめとして皆さん本当の紳士であったように思います。

私たちのような少女の年頃で働く者たちにも、制服も夏冬二着ずつと、草履と足袋までつけて支給してくれたばかりか、時間の空いている午後一時過ぎにはお茶や裁縫、お習字に至るまで一流の先生方を迎えて教えてくださる、優しい配慮が行き届いた会社でした。

そこには、人を使う経営者の人を大切にする心配り、人事な娘さんたちをお預かりしているという、親心のような温かい思いやりの心が私たちにも感じられました。

また、その時代では最先端の、キュロットとサンバイザーでテニスを楽しむことが出来たのも、大阪瓦斯という会社ならではのことです。

福利厚生などとうるさくいわれる前のことですから、よほど企業に余裕があったのでしょう。この余裕というのは決して経済的な面ばかりではありません。経営者の心の余裕、心の広さ豊かさをいうのです。企業というものはこうでなければならないと、今の時代、利益だけを追い求める品の悪い経営者を見る度に、つくづく感じることです。

盆、お正月に渡されるボーナスも、今のように銀行振込みではなく、社長自らが社員一人一人の顔をしっかりと見て、一言二言慰労の声をかけて渡してくれるのです。

なんと温かい心の通い合いではないでしょうか。

私などは、「高橋智弥子さん」と呼ばれて、社長の前に行きますと、
「おお、君が〃お伝ちゃん〃か」
といって、にっこりと笑って、ボーナスの入った袋を渡す時、私の手を軽く掴《つか》んで、くすぐるような仕草をされるような、お茶目さまで持ち合わせている人でした。

人はそれぞれ自分の人生を送っていますが、決して一人では生きていかれません。人という字は支えあっている姿だとよくいわれますし、人間という言葉も人と人の間と書いています。

そのように人は様々な人間が、温かく思いやる心の関わりの中で〃生かされている〃のですから、その関係が冷たく、繋《つな》がりが断ち切れてしまった今の世相は、どこか間違っていると思えてなりません。

★ 涙を隠した壮行会

私の大阪瓦斯時代に、今でも思い出すと胸が詰まるほど悲しく切

ない想い出があります。

私が入社した年の暮れ、十二月八日に始まった太平洋戦争は、初めの頃は「勝った、勝った」の朗報ばかりで、国中が沸き立っていましたが、年が経つと共に、戦況は厳しくなり、本土までもが敵の空襲に曝《さら》されるようになりました。

物資も次第に不自由になり、そればかりか、町には「撃ちてし止まん」のポスターがあちこちに貼られ、明日の命さえも分からなくなって、暗く嫌な時代が続いていました。

昭和十八年の十月だったと思います。

東京の神宮外苑競技場で「出陣学徒の壮行会」が挙行されたというのは。

その何日か前、私は上の人から呼ばれ、お伝さんに、特別の役目があるといわれました。

それは大阪瓦斯の社員で二十歳になった者に召集令状がきたので、彼らの、出征を祝って壮行の宴を開くというのです。その宴のお世話に女子社員の中から、私一人に白羽の矢が立ったのでした。

　戦地に赴く社員の皆さんは、私とたいして違わない歳の方ばかりでした。

　その日集まったのは確か二十人ほどの紅顔初々しい若者たちで、心が高ぶるのでしょうか、皆さん他の人に負けじと元気を装っています。しかし、心のどこかに割り切れない思いを秘めていらしたことも、私には分かりました。

　その時になってやっと、なぜこの私がこの日のお役に抜擢《ばってき》されたのかが分かりました。明日の命も知れない戦地に赴く人たちにとって、何よりの餞《はなむけ》は、銃後に残る者の活き活きとした明るさだったのではないでしょうか。暗い地味な女の子では後ろ髪を引かれてしまいます。

　壮行の宴はまず神戸の浜通りにあった、大阪瓦斯の営業所を見学しました。夕方になると全員で三宮駅まで歩き、そこから電車に乗り京都まで行き、円山公園にある「芋ぼう」で夕食をとりました。その後、京都の夜を加茂川べりを散策し、最後にとあるお料理屋さんで別れの乾杯をしました。ですから大阪に帰ってきた時は、夜もすっかりと更《ふ》けていたと思います。

道中、すっかり仲良くなった皆さんから、私は〝お伝さん〟〝お伝ちゃん〟と親しまれ、アイドルのように扱われたのを覚えています。お世話係は私一人なものですから、皆さん優しく手助けしてくださり、なんでこんないい人たちが、あたら若い命を戦争などという野蛮な行為のために、棄てに行かなければならないのか、本当に悔しくて仕方がありませんでした。

一人一人の方がそれはいい方たちで、とても凛々《りり》しく素敵でした。この素敵な方たちに私は若い女性社員の皆さんから、愛の言葉を綴ったものもあったでしょう、二十通のラブレターを預かっていたのです。公には渡す事の出来ない手紙を、そっと何かの折を見つけて渡す時の私の気持は複雑でした。

私も一人前の女の子ですもの……。お逢いして、ご一緒させていただいているうちに、心ときめいてくる方もいましたから。しかし、私はこの時はぐっと私情を押えて、今日の自分が果たさなければならない勤めに、心を向けなおしていました。

そして別れの時がきたのです。

私が家に帰ろうとしますと、なんと社員の皆さんがいるではありませんか。その方たちが口々にいわれることは、こんな夜更けに若い娘さんを一人で家に帰して、もしものことがあったらご両親に申し訳が立たない、家まで送っていくというのです。それも皆さんでです。

およそ一時間も歩いたでしょうか。南生野の家に着いた時は真夜中になっていました。家の者や近所の人たちは、その時間に現れた私を囲んだ青年の一団に何事かと驚かれたようです。

そして、家の前では全員が整列し、私に向って声を揃え、

「お伝さん、今日はありがとうございました。心置きなく、行ってまいります」

といい、最敬礼をされたのです。

私は流れる涙を拭《ぬぐ》うことも忘れて、ただただ皆さんの顔を一人一人見つめ続けていました。

頭《こうべ》を起こした皆さんは回れ右をすると、二列縦隊になって、靴音も高らかに夜の闇の中に去って行ったのです。

あれから、すでに半世紀を過ぎる月日が経とうとしています。あの時のあの方たちが、その後どうなさったのかは、今の私には知る由もありません。

★ 許婚の存在

今でも私はお客様や知り合いの方から、

「あなたの電話の声はなんてはっきりとして聞きいいのでしょう」

といわれます。

「とても歳相応の声とは思えない」

などと余計なお世辞まで付け足されると、私は声を張り上げて、

「馬鹿もん！」とやり返すのです。

それというのも、やはり、若い時に大阪瓦斯で電話の応対に日々、声と話し方を磨いていたからだと思います。これを昔取った杵柄《きねづか》とでもいうのでしょうか。

会社で一日に何回も電話を受けていますと、中には私目当ての男性から、

「お伝さんですか？　今度、一度どこかで……」

などとお誘いの声がかかる時もあります。こちらは相手に心当たりはありませんが、相手は講演場で私を見かけたというのですから、私の魅力もまんざらではなかったのかもしれません。

戦争の最中にでも、そんな電話が何回かかかってきたことがありました。でも、私はそのような誘いは全て断わっていたのです。決して男性に興味がなかった訳でもありませんし、臆病《おくびょう》だったのでもなく、それにはきちんとした訳があったからです。

私には親が決めた許婚《いいなずけ》がいたのです。その人の存在を知ったの

は、私が進学を諦めた時に、母から、

「智弥子、実はお前には親同士で決めた許婚がいるのよ」

と、教えられた時でした。

その時はまだ結婚などということに、実感が沸きません。親が決めた人といっても名前も知らず、顔を見たこともありませんから、私にはそんな人がいるのかくらいに思って、将来はその人のところにお嫁に行くものとばかり思っていました。

昔から『馬には乗ってみよ、人には添うてみよ』といいます。いくら好き合って結婚しても、すぐに別れてしまう人もいますし、お見合いとか、親同士が決めた人でも、連れ添ってみれば案外と上手くいく場合もあります。やはり本人同士の気持の問題と、後は縁というものではないでしょうか。むしろ、そういう人が決まっていたほうが上手くいけば、「この人と一生連れ添っていくんだ」という決意が固まって、心の準備が出来ていいのではないかと思います。

その方とは五歳違いで、私は一度もお逢いしたことはなく、全て手紙のやり取りだけでした。そんな若い二人を気遣ってか、歌の道を父とともに歩んでいた母が、娘の気持に代って詠んだ歌一首があります。

空蝉《うつせみ》のしばし翼を休ませて
　心のうちをたずねてぞ見ん
志美女

その方が陸軍の飛行軍曹ということは聞いていました。

昭和十九年になると、大阪の町も頻繁《ひんぱん》にアメリカの空襲を受けるようになり、私たち南生野の家も、強制疎開で取り壊されることになりました。

私たち母子は、先に軍需工場の建築で、三重県の鈴鹿山脈の麓、柘《つ》植《げ》という町の野村にあった、柘植木工株式会社にいた父のもとに疎開をして行ったのです。

強制疎開で家を立ち退かされると決まった日に、私は二年の間お世話になった大阪瓦斯を退職していました。

思い返しますと、大阪瓦斯での私の三年間という日々は、短くもあり、長くもあった私の青春の一頁だったと思います。

柘植という町は大阪天王寺から関西本線に乗って、およそ一時間、忍者の里として名高い伊賀・新堂駅の隣り、大きく線路がカーブした先にあるこじんまりとした町です。

街中を通る旧街道を東に進むと、加太のトンネルを抜けて、関の町に出ます。町は両脇から山々がせり出し、遠くには修験僧の修業で有名な霊山が望めます。今は国道二十五号線の名阪高速道路が走っていますが、私が疎開をした当時は、細い街道が一本白く街中を通るだけの、山間の本当に静かな町で、どこで戦争をしているかと思うくらいでした。

といっても戦争がまだまだ続いていると思い知らされるのは、鈴鹿山脈を越えて大阪方面に飛んでいく、敵のB29の銀色にきらめく機体を目にする時です。

そうです、もうその頃は戦争も末期で、Ｂ29は昼間から思いがけないほど低空を飛んできていました。その機体の胴体部分がぱくっと開いて、私を育ててくれた大阪の街を焦土に変える焼夷弾《しょういだん》が、あそこから雨霰《あられ》のように降り注ぐのかと思うと、腹が立つやら悲しくなるやら、こんな柘植の静かな田舎に移り住んだ私は、その恐さを味わわないだけ幸せだと思うものの、大阪の街とそこに残っている友達や会社の人たちが、その戦火に逃げ惑っているのではないかと思うと、居ても立ってもいられない気持でした。

よく考えればここも安全ではありません。父が軍関係の無線用の箱を作っていたからです。悪魔の飛行機が大阪爆撃の帰りに、落とし残した爆弾の一つでも、この工場のまわりに落としてでもいったら、えらいことになるなあと恐れたのですが、結局のところ終戦になるまで、柘植の町は戦禍を知らないまま、終戦を迎えました。

終戦の年のある日、私の手元に一通の官報が送られてきました。

そこには私の許婚の名前があり、戦死という文字がかすれるように判で押されていたのです。

その一枚の薄っぺらな紙が、私がお嫁さんになってあげる約束をした、優しい気持を綴《つづ》った手紙を何通もくれた私の許婚の最後の姿なのです。

私の心の中では、許婚と知らされた日からずっと、大切な人でした。その人が戦死したという知らせは、言葉では語り尽くせないほど大きな衝撃だったのです。目の前が真っ暗になり、私の心の大きな柱がめりめりと音を立てて倒れていったようでした。

その知らせに書かれた許婚の戦死した日付けを見て、私ははっとしたのです。

日付に見覚えがあるからです。

急いで日記をめくり返して見ますと、なんという偶然でしょう。私は、普段はあまりしたことがない仏壇の塵《ちり》を、その日に限って心を込めて払いながら、許婚の武運長久を祈ったことが、その日記の頁に書かれているではありませんか。

虫の知らせとはよくいったものです。

遠く幾千キロの海路を越えて、命が尽きると瞬時に、あの人の魂は、私のもとに帰って来てくれたのかもしれません。

さぞかし、故国で一人残される私という許婚のことが、心残りでならなかったのではないでしょうか、どんなにか温かい家庭を作ることを夢見ていたのではないかと思うと、許婚の死が不憫《ふびん》で仕方がありません。

その日の日記の頁は、見る見るうちに私の落とす涙で、文字は滲《にじ》んで消えていってしまいました。

戦争というむごさと、人の死の悲しみを思い知った私は、その日から、これから私は男として生きよう、と心に決めました。

そして、もう誰にも嫁ぐまい、私の操はあの方に捧げたままで悔いはないと思ったのでした。

そして、戦争という悪夢が私たち家族の上に、身を切られるほどの悲しみとなって伝わってきたのが、上の弟の戦死公報でした。

私には二人の弟がいます。その上の弟は学校を出るとすぐに矢田の無線学校に入り、暗号を学んでいました。そして卒業すると同時に中国の漢口に配属されたまでは分かっているのですが、それ以降の消息は途絶え、ついに還ってはきませんでした。どこで、どうやって死んだかも分かりません。

その頃は遺体の一部はおろか、遺品の一つさえなく、紙切れ一枚でただ死んだという知らせを受けたり、白木の箱に石ころが一つ入っている物を渡されて死を告げられ、かけがえのない父や兄、弟や夫を戦争で失った家族が大勢いたものです。

誰がそんな紙や石で、大事な家族の死を現実として捉《とら》え、受け入れることが出来ましょうか。

生死の事実もはっきりしない人を、ひたすらその還りを待ち続ける母や妻が、戦地に赴いた人の死を信じられずに、ひょっとして生きてこの船に乗っているのではないかと、戦後、中国大陸や朝鮮半島から引き上げてくる船を、舞鶴港でただ黙って岸壁に立ち尽くして、何日も何年も待つ母の姿があったことは、悲しい事実なのです。

それが歌になったのが有名な『岸壁の母』なのです。

また、戦後すぐの頃は、NHKのラジオから、引揚者の情報が夕方になると流されていました。重く沈んだ声で読み上げられる船の名前と引揚者名簿に耳を傾けて、親兄弟の名を探して聞き入っていた人が一杯いました。

敗戦の傷跡は、国が敗れてどうのこうのというよりも、一つ一つの家族、家庭をも壊していったのです。

戦後、五十有余年が経って、今、日本は平和を謳歌《おうか》しています。

戦争を知らない世代のほうが多くなるに従って、あの戦争の悲惨さはいつか風化してしまうのかと思うと、また同じ過ちをこの国は犯すのではないかと心配になって仕方がありません。

と、いいますのもいくら民族、宗教、文化を乗り越えて戦争のない世の中にしようと努力する中でも、ベトナム戦争、湾岸戦争、そしてアフガンと世界のどこかで、人はいまだに殺し合っているのが現実です。

いつかは戦争が無くなる時代がくるとは信じたいのですが、なかなか信じられるまでになるには、今のままだと、まだまだ時間がかかりそうです。

だからせめて、私などは、あの戦争で大事な人を失う悲しみが、どんなに辛いものかだけでも、語り継いでいきたいと思っています。

許婚からいただいた手紙の数々は、どれも今ではセピア色になってしまっています。しかし私の心の中には今でもその手紙に込められた思いが少しも色褪《あ》せることなく、一文字一文字の言葉が刻み込まれています。

戦争はいついかなる時も、どんな事情があろうと決してしてはならないと、その手紙は語っているような気がするのです。

第二章　青春の彷徨《さまよ》い

1　終戦

その日、柘植の空は朝から抜けるように澄んでいました。

夏の陽射しを映して木々の葉が白く煌《きらめ》いています。

鈴鹿の山々の上に青い空が広がって、その稜線《りょうせん》の上にはいくつもの入道雲が、白い塊をゆっくりと立ち昇らせていました。

蝉《せみ》の声が賑やかなだけのいやに静かな、そして暑い日だったように覚えています。

私たちが住む、疎開先の家の土間に、茜《あかね》が一匹入ってきました。

許婚《いいなずけ》を亡くして、傷心がいまだ癒《いや》しきれない私は、ぼんやりとその茜を見ていた時です。その茜が何かいい知らせを運んできてくれたような気がしました。

夏の昼間近のひと時、私は空を見つめ、茜は静かに羽を休めています。

遠く、ラジオから、どこかゆったりとした謡でも歌っているかのような男の人の声が、切れ切れに流れてきます。

それが……、天皇陛下の終戦を国民に告げる玉音放送だったのです。

昭和二十年八月十五日。

三年と八カ月に亘《わた》る戦争が終わった日でした。

「終わったの……」

それが一番に感じた私の感慨です。

そして、すぐに〝私の大阪〟はどうなっているのだろう……と、大阪の街、生野の人々、大阪瓦斯の会社のことが頭の中を過《よぎ》りました。

心は大阪に飛んでいても、終戦間もないことです。まだ世情は混《こん》沌《とん》として、若い娘が一人で大阪まで出かけるには物騒すぎます。

逸《はや》る気持を押さえて、私は時が経つのを待ちました。

私はまだ二十歳でした。いつまでも傷心の中に閉じこもってはいられない、それは分かっていましたが、これからどう生きていこうか、何をして暮らしていこうかと、まだ見極めがつかない日々の中にいたのです。

柘植というところは、戦争も知らないような長閑《のどか》な農村でしたから、都会の人たちのように食べ物に不自由するようなことはありません。私はしばらくは、近在の女の子たちを集めて、踊りや算盤を教えたり、習字を教える塾のようなものを開いて、そのお礼に野菜や、お米をいただいて暮らしていたのです。

2　焦土の街

終戦から、ひと月も経った頃でしょうか。私は思い切って大阪に行ってみようと思い立ちました。ずっと持ち続けていたわが街大阪を気遣《きづか》う気持が、私の中で押さえきれなくなっていたからでしょう。

私が育った街、大阪は焼けてしまっていました。

一面、煤《すす》けたような街になっていました。

廃虚《はいきょ》となったビルの割れたガラス窓から、遠く生駒の山并みが見えています。

その廃墟の街を人々が蠢《うごめ》くように歩いています。しかし生きるために、生きていくために、大阪の人は目をしっかりと見開いて歩いているのです。

さすが大阪だと思いました。浪速《なにわ》のど根性の強さを感じます。

「こんな事で、へこたれたりしますかいな」

「なんぼのもんじゃい、あんたも、きばらんかいな」

といっているように聞えてきます。

驚いたことに、千日前では大劇が興行しているではありませんか。通りの露店では、闇の物資を売る品が並んで、いろいろなものを売る掛け声が飛び交っています。

私は大阪に出てきてよかったと思いました。

焼け野原になってしまったこの街から、生きていける元気をもらった気分になったのです。

街のどこからか〝お伝ちゃん、きばりや！〟という声が聞えたようでした。

そうだ、私は〝お伝ちゃん〟なのだ。明るく、美しく、いつも前向きに生きてきた〝お伝ちゃん〟だったのだ。

私の中に〝お伝ちゃん〟魂がふつふつと甦《よみがえ》ってきました。

「何かがしたい。私も……」

おかしなものです。心が元気になってくると、身体中の血が滾《たぎ》ってくるのですから。すぐにでも身体を動かして何かをしなければいられない気持になっていました。

たまたま通りかかった、お寺さんの前に「一日奉仕」を募集する張り紙を見た私は、迷うことなくすぐにお手伝いすることを申し出ました。

その奉仕のお仕事は、引き取り手のない死体をお寺まで運んで、茶《だ》毘《び》にふしご供養をしてあげる活動です。

たくさんの人の死がありました。

もちろん、身の回りの者にも死を見てきた私は、立ち昇る煙に掌《て》を合わせながら、私が今こうやって生きていることの幸せに感謝をしていました。

その夜はお寺さんに泊めていただき、講堂で皆さんと雑《ざ》魚《こ》寝《ね》です。でも私の心は満足感で満ち満ちていたのです。

翌朝、柘植に帰り着いた私は、心配して娘の帰りを待っていた母に、大阪の街のこと、そして私がしてきた一日奉仕のことを、息も切らずに話しますと、母はこういって私を労《ねぎら》ってくれたのです。

「いいことをしてきたわね。その気持を大事にしてね。いつも、人の情けを忘れないように。恩を受けたらそのままにしないで、必ず返すのよ」

母の言葉は私の胸に染み込んでいきます。

私が昨日、大阪でしてきたことは、なんの縁《ゆかり》もない人の死を弔《とむら》ってあげたことでした。でも、人は一人で生きているのと違って、支え合って生きているという姿を、あの焦土の大阪の街で私は見てきました。

そしてそこから、私はわが身も人様に生かしていただいているとつくづく実感してきたのです。

生かしていただいている恩といえば、私を生んでくれた両親もそうです。育てて見守ってくれた大阪の人も街もそうです。

私は母がいった、「恩は返すもの」という言葉の中に、恩は受けたその人に返すだけのものでなく、自分が受けた恩を誰に返してもいいものだと受け取りました。

だから、人の死体をかたづけて弔ってあげることも、人様への一つの立派な恩返しですし、私に生きる元気をくれた大阪の街にも恩返しをしたことにもなるのです。

大切なことは、受けた恩の恵みを自分だけのものにしないで、みんなに分かち合うことだと思います。

お金も天下の回りものなら、恩も天下の回りものであっていいのではないでしょうか。


大阪から帰った私は、それでもすぐに大阪には出ずに、栢植の片田舎で癒《いや》し切れない心の傷をもてあまして暮らしていました。

いらいらすることも、ふさぎ込んでしまっている日もありました。

生きていく先行きに不安を抱えていたのかもしれません。

そうです、まだ私は二十歳の娘盛りだったのですから。

そんな私を見かねて母が、一度母の故郷山形に行って来ないか、お金は心配ない、あなたが大阪瓦斯で働いていた時のお金もあるし、結局遣わなかった進学の時のものもあるからといってくれたのです。

私は素直に母の言葉に甘えました。

戦後間もない頃の鉄道事情は、それはひどいものでした。ホームはもとより、線路の上までどこもかしこも人でごった返しています。列車が入ってくると、みんな我先にと血相を変えています。

窓から乗り込む人、デッキにぶら下がる人、はたまた列車の屋根にまで登って汽車に乗ろうとする人たちで、今の若い人たちにはとても想像がつかない有り様です。

一昼夜かけて汽車を乗り継ぎ、煤《すす》だらけの顔になってやっと山形の駅に降り立った私は、疲労困憊《こんぱい》でした。駅には叔父が迎えに来てくれていましたが、その出で立ちといったら、見たこともない角巻きに藁《わら》靴を履いて、赤い鼻を啜《すす》っている姿です。しゃべる東北弁の言葉も大阪弁に馴染んだ私には何をいっているのかさっぱり分かりません。それでも叔父の母と同じ優しい眼にあったら、安心するやら、ほっとするやら自然と泣けてきてしまいました。

母の故郷、山形の里はどこまでも美しく、人に優しいところでした。どれほど叔父の家で世話になったかは忘れましたが、優しい人たちと、豊かな自然と、ゆったりとした時間の中で、私はすっかりと元気を取り戻していたのです。

「帰ってきた時は、もっと人間が大きくなっているよ」

出掛けに母がいってくれた言葉が思い出されました。

この私の心を癒す旅は、母の言葉どおりに、私に生きていく自信と度胸と、健康をくれたような気がします。

柘植に戻った私は、再び大阪に出て行きました。

そうです、今度こそ生きていく道を探すためにです。

もうその時はすっかりもとの〝お伝ちゃん〟に戻っていたのです。

しかし、復興に向けて動き出したといっても、大阪の街は敗戦の傷が癒《い》えた訳ではありません。人々の心は荒《すさ》んでいましたし、世の中はまだまだ騒然としていましたから、私は大阪に一人住むことを諦《あきら》めて、関西線で柘植から大阪に通うことにしたのです。それに大阪に出て何をするのかもまだ決まっていませんでしたから。

そんなある日、母の言い付けで、母のお知り合いの安否を生野に訪ねた時でした。

驚いたことに生野の町は焼けずにいたのです。私は自分の目を疑いました。強制疎開で取り壊されたはずの私たちの家も、あの空襲の炎に焼かれることなく無事に残っているではありませんか。近所の方たちもみんな無事だったようです。

皆さん再び巡り合えた私の無事を喜んでくれています。

私は背負ってきた背嚢《はいのう》からお米を出して、皆さんに少しずつ分けてさし上げました。

食糧事情が最悪の時です。お米の配給も途絶えがちな日々に見た白いお米に、皆さんの目が輝いていたのです。もちろん感謝の目でです。

その笑顔を見て私は閃《ひらめ》いたのです。

栢植にはお米があって、大阪にはない、それなら有るところから無いところに物を運べば、これは立派な商売になるのではないかと思いついたのです。

それからの私は、お米を担いでは栢植から大阪に通いました。

そうです私が始めてやった商売は「かつぎ屋」さんなのです、しまいにはお米だけでなく、野菜や甘いものまで、大阪に持っていけば売れるものはなんでも運んではお金に換えました。

この商売は本当によく儲かりました。そして人様に喜んでいただけるのですから、私は少しも苦に思うことなく、流れる汗を拭《ぬぐ》いながら、重い荷物を背負って何度も何度も大阪と栢植を往復したのです。

しかし、世の中というものは面白いもので、人が上手くいくと、きっと後からそれを真似てついてくる人がいるのです。

「かつぎ屋」さんがあちこちに横行してくるようになった時には、私はもう、次の何か他の商売を考えていました。

それといいますのも、大阪の街もようやく落ち着きを取り戻して、物が出回ってきていましたし、昭和二十五年の朝鮮戦争の特需で「糸へん」「金へん」という言葉が生まれたように、未曾有《みぞう》の好景気が日本中を吹き荒れていたからです。

時の流れの変化を感じた私は、もう、物を運ぶだけの時代ではないと察したのです。

それからはいろいろと、そう、人様に自慢していえないようなことにまでも手を出してみましたが、これといって私が熱を入れてやろうとするものが見つかりませんでした。

3　閑話

ここで少し閑話として、栢植で暮らしていた頃の思い出話を一ついたしましょう。

栢植はそれは静かな山々に囲まれた農村です。

その町を大阪・御堂筋仕込みのセンスとファッションで装った私が歩くのですから、目立たないわけがありません。

颯爽《さっそう》と栢植と大阪の街を行き来する私に、もちろん羨望《せんぼう》の日や、中には妬《ねた》みの目もあったでしょう。

そんな私を、母はいつも戒《いまし》めたり、励ましたりしてくれました。

「智弥子、自分に自信があれば、若いのだから、決して下を向いて、俯《うつむ》いて歩いては駄目よ」

「お金儲けもいいけれど、ちゃんと計画性を持ちなさい。惰性でやってはいけません」

「智弥子、これからの時代は、頭を使わなくてはね。お金を活かして使うように、頭も使うのよ」

「若いから恋もしたいでしょうが、二兎《にと》を追う者は一兎《いっと》をも得ず、というでしょ。お金も儲けたい、恋もしたいじゃどちらも手に入らないわ」

母は折に触れてはそういって私を戒《いまし》めてくれました。

この母の言葉のお陰で私はあの時、天狗にならなくて済んだのだと思います。

と、いいましても、やはりそこはそこ、若い者たちのことです。

私の周りにはいつも町の若い男の人たちが集まってくるのです。

近所の若い娘さん二人と、いつも一緒に出歩いていましたから、美人三羽烏といわれて、それはそれはもてたのです。（この話はほんま、実話でっせ）

父が大工仕事が得意なものですから、栢植の家の二階の居間に、天井から自在鍵《じざいかぎ》を吊るした囲炉裏《いろり》を作ったのです。

それからというもの、寒くなった季節はみんながそこに集まります。そのうちに、毎晩のように町の若い男の子たちが集まってくるようになりました。

父は若い人たちが自分の周りに集まるのをとても喜んでいましたが、彼らのお目当てはもちろんこの私です。

しかし、そういっては申し訳ありませんが、どの方にも私を惹《ひ》きつけるだけの魅力は感じられず、何か思い切りやれるものに、自分の人生を賭けて見たいと思っていた私には物足りませんでした。

やはり彼らは柘植の若者、それだけであったように思えたのです。

それに、私は許婚が亡くなった時から、私の青春は終わった、これからは男として生きていこう、結婚なんて、と思っていましたし。

ただ、父が亡くなる少し前だったと思いますが、普段そんなことをいわない父がぽつんと、

「智弥子……、あの柘植の時代は楽しかったな……。お前がいてく

れたお陰でずいぶん若い人が集まって……。あの時は……本当に楽しかった。ありがとう」

といってくれたのです。

過ぎし昔の貧しくも心豊かな時の流れが柘植にはありました。

4　チャンスのつかみどころ

昭和も二十七、八年になると、世の中はだいぶ落ち着いてきました。

ちょうどNHKの連続放送劇『君の名は』が始まった年です。ラジオからこの放送が流れ出すと、町中の銭湯《せんとう》ががら空きになったというくらい、評判の番組でした。

まだテレビが普及する前ですから、人々の娯楽の一番は映画です。三本立て、オールナイトなどという映画館があちこちにあったくらいですから。

映画会社も松竹、大映、東宝、日活、そして新東宝と五社もありましたし、その上、世界の洋画を興行する映画館もたくさんありました。

黒澤明監督、志村喬さん主演の『生きる』が上映されたのもこの年だったように覚えています。

洋画では、フランス映画の『天井桟敷《てんじょうさじき》の人々』や、かの名作『風と共に去りぬ』『チャップリンの殺人狂時代』のアメリカ映画。そしてイギリス映画では『第三の男』などなど、名画が目白押しで上映されて、連日満員の観客が集まり、映画の全盛期でもあったのです。

そんな時代の流れをこの〝お伝さん〟が見過ごすわけがありません。

当時の映画館は、映画を上映する前に必ずニュースの映像を流します。ニュースの時間が終わって、いよいよ本番の映画を映す前に、今でいうコマーシャルを入れるのです。大きな会社のお菓子の宣伝もありましたが、その多くは映画館があるその土地土地の商店や、食べ物屋さん、喫茶店の広告だったのです。しかもそれらは全部、十何秒かのスライドです。動きのあるものはほんのわずかでした。

この広告の仕事を私は始めたのです。相手に不足がないからいわしてもらいますが、いってみれば、電通や博報堂さんとご同業な訳です。お店や会社を回って、映画館で映すスライドの宣伝広告を取って回る仕事です。

これもとても面白い仕事でした。創造性が磨かれる仕事で、この時に、私は人と同じことをやっていては、商品は売れないし、お店にもお客を呼べないということを、広告して、宣伝するという頭を使う仕事の中で教えてもらった気がします。

やはり、母がいっていた「これからは、頭を使う時代」というのは本当のことでした。その時にはもう、両親も柘植を引き払い大阪・城東区の鴫野《しぎの》町に移り住んでいたと思います。

広告を集める仕事は面白いようにお金が入ってきます。若い男の子を、それも見目のいい子を使って、あちらのお店、こちらの商店街とスライド広告の注文を取って回るのです。

〝お伝さん〟持ち前の根性と笑顔が売り物です。

そして、私は必ず約束したことは守りました。値引きの交渉にも一度オーケーを出したら、自分のところが損をしてでも、お客様との約束した金額で押し通したのです。他の会社がやっているようなことと同じことをやっていては、この厳しい浪速の商いの世界では生き残れないということを敏感に感じ取ったからです。

そして、もう一つは、注文を出してくれたお客様のところには、必ずお礼の挨拶をして回ったのです。すると、

「あんたのとこは、律儀やな、今時めずらしいで。そな、また出したろうか」

とこうなるのです。決して再注文欲しさに挨拶して回ったのと違います。そこには母から教えられた「恩返し」の気持があったからです。

この時代は、私も若かったし、自分でいうのもなんですが、スタイルも結構良かったし……。

（誰ですか？　自分でいうなといっている人は、〝お黙り〟）

それにお金儲けはあんじょういくし、使っている若い人を何人も

連れて、大阪の街を飛び歩いていました。

それは私の絶頂期であったのではないでしょうか。

その頃の私は、独りで大阪は野江というところの文化住宅に住んでいました。

といっても、私が男の人とどうした、こうしたということは一度もありませんでした。愛よりもお金儲けのほうが私には興味がありましたし、男として生きていくという、あの決意に変わりはありませんでしたから。残念なことですが……。

そんなある日、私は梅田にある一軒の喫茶店にコーヒーを飲みに入ったのです。

確か、そのお店には広告の注文をいただきに何度か通っていたと思います。そこのママさんと気さくにお話が出来て親しくしていたくらいですから。

仕事で歩き疲れて、ほっと一休みに入ったその日、お店は結構お客さんが入って忙しかったのですが、ママさん一人です。

私が聞きますと、

「女の子に辞《や》められて困っているねん」

その答えが終わらないうちに、私は、

「手伝いましょう」

といってエプロンを身につけていたのです。

それが縁でそのママさんとのお付き合いが始まり、しばらくそのお店を手伝うことになったのです。

お店を手伝っているうちに、次第に私はお客様を相手にするお商売に惹かれていきました。そんな私にママさんはいろいろなことを教えてくれます。

そしてこの経験が私に〝水商売〟という世界を教えてくれたきっかけになったのです。

私は何か、自分が活き活きと生きていける道を見つけたような気がしていました。

本当に人生、どこでどんなきっかけで、一生の生業《なりわい》が決まるか分かりませんね。そのチャンスを見定めるのも、見失うのも本人次第ですが、いつも前向きに生きていると、そんなチャンスは向こうから手を振ってやってくる時もあるのです。だから、後はそれをしっかりと自分の手に掴《つか》めばいいのです。

第三章　「たかはし」開店

1 〝お伝さん〟奮闘記

★ 開店談話

実は私、今でもそうですが、正直いわせてもらいますと、お酒あまり強くはないのですわ。全然といったほうが近いかもしれません。そんな私が、いくら喫茶店のママさんに水商売の面白さを教えてもらったからといって、まさか自分で店を開いてお酒を商う稼業に入るとは、自分でも思いもよりませんでしたし、周りの者もびっくりしやはったんと違います？　きっと戦後、若い身空でいろいろと「かつぎ屋」や「広告取り」をやりながら、生きていく道を模索する中で、商売をする面白さ、儲けるという魅力に惹かれたのかもしれません。

商売は儲かってこそ商売です。そのためには経営者はいろいろな苦労の中で一生懸命に工夫をします。頭を使って努力をします。そこがまた私を惹きつけた、商売の一つの魅力なのかもしれません。

しかし、今から四十年も前のことです。

女が一人で生きていくこと自体、今と違ってとても難しい時代でもありました。ましてや商売をするとなると、しかもよりによって誰にも頼らずに水商売をです。

今でも、ふと、

「なんで、あの時、この商売をしようと思ったんだろう？」

と思うことがあります。

いいえ、決して後悔をしていっているのではありません。自分が歩いてきた道、今も歩き続けている道を、四十二年もの間、あまりに永く歩いていると、ふとそんなように思うことってあるのです。

道を見るというよりも、この道を選んだ自分の足を見るようなものです。

私は昔から人と違うことをするのが得意な性格でしたし、恐いもの知らずのところもありましたので、こうと決めたら、一直線で突き進むのが〝お伝さん〟の真骨頂だったのです。

大阪瓦斯にお勤めしている時に、社長の片岡直方さんが、よく朝礼で「一人、生涯、一業」とおっしゃっていた言葉が私は好きでした。その言葉はずいぶんとあの時の私に励みになったのです。

そんな訳で私は、大阪はキタの堂山町に小さなお店を開いたのです。

昭和三十五年八月十五日。

この日は奇《く》しくも終戦を迎えた日でもあり、新しい日本が始まった日でもありました。

〝お伝さん〟が素人ながらに水商売に挑んでいった〝開戦の日〟でもあるのです。

堂山町というのは、大阪梅田からもすぐのところで、今は新御堂筋通りが走っていますが、曽根崎町をはさんで向い側の町といったら分かりやすいでしょうか。

今のようにビルばかりになる前の堂山町一帯は、修学旅行の生徒さんを泊める昔ながらの駅前旅館や、商人宿のような旅館が軒を連ねて、その周りに学生さん相手のお店や、サラリーマンが気安く入れる飲み屋さんが店を張る庶民的な町でした。

お店の名は「たかはし」。

広さはたった五坪ですが、自分で見つけてきたお店です。

お店を開く資金ですか？　私には貯えがありましたから、それをそう、有り金全部叩《はた》いてといいましょうか。今思うとずいぶんと度胸があったと思います。やはり若さという勢いなのでしょう。それに度胸のよさは母譲りでしたから。

よく、この手のお店を開く時には、男の方の援助を受けてという人がいますが、私にはそういう男の人にお金を頼る気持は、今日この日まで一度もありませんでした。

これは〝お伝さん〟の最大の自慢話だと思って聞いておいてくだ

さい。

私も後で解ることですが、この商売はそんなに甘いものと違いまして、もし、そんな男の方に頼る気持を持っていたり、そんな人がいたら、決して上手く商売はやっていけません。

男の人に頼る気持は分かりますが、それに甘えると、どうしても男に引きずられるようにもなりますし、逆にその方を裏切るようなことも出てきます。その結果、商売が上手くいかなくなってしまった人を、私はたくさんこれまで見てきました。

とはいっても、初めてこの世界に入った当初は、私はそんなことも知らずにいたのですから。

ただ、母がいってくれた、「二兎を追う者は一兎をも得ず」という戒めを守っていただけかもしれません。

商売が好きといっても、お酒を扱うのは初めてです。おまけに飲みに行ったこともない私がやるのですから、ママはもちろんずぶの素人ということです。

★ 愛の勘当《かんどう》

忘れもしません。その日の父と母の顔は。

暑い日の夕方だったと覚えています。

店を開店するにあたって、私は一応、両親のところに「たかはし」開店の報告に行きました。

案の定といいますか、やはりといいますか、母は烈火《れっか》のように怒り、猛反対です。

無理もありません。

母は昔気質の人で山形は旧家の出、人一倍プライドが高く、真っ直ぐに生きてきた人ですから。自分がいろいろ人として人事なことを教えてきた娘が、三十五にもなってまだ独り身で、しかも商売を始めるのです。

長男を戦争で亡くし、二人残った子供たちの行く末を、弟には家を継がせ、智弥子は縁があればお嫁に出してと考えていたところに、私がお店を開く、それもよりによってお酒を売る水商売の店ときたのですから。

私が教えてきたことはなんだったのだろう、こんな娘に育てた覚えはない、というのが母の気持だったのでしょう。

母は絶対に反対といって自分の考えを曲げません。私も負けてはいませんでした。猛烈な言い争いが続きました。

それが生まれて初めての母娘喧嘩でした。

結果……。「勘当」ということになったのです。

今思うとおかしな勘当でした。三年間は家の敷居を跨《また》ぐな、という最初から期限付きの勘当だったのですから。

私も意地になっていました。「親子の縁を切る」という念書まで書いて置いてきたのです。〝お伝さん〟の根性もなかなか見上げたものでしょう。

母が水商売というものにいい感情を持っていない、その気持も私は分からないではありません。世間一般、普通の家庭の奥さんたちのこの世界に対する見方も大方母と同じだったでしょう。

水商売といってもいろいろあります。

これは、母と言い争った時の私の理屈だったと思いますが、

「お酒を飲ます店が水商売なら、そのお酒を売る店も会社も、ビールやお酒を造っているところも水商売と違いますか？　もっと広くいうたら、金魚屋さんも、お風呂屋さんかてそうですねん。何が水商売があきませんねん」

「あんた、ようそんな、アホなこと、いいますな！　そんなところに頭は使わんでもよろしい」

母はそれきり絶句してしまったのです。

お酒を商う水商売のお店に、なんでそのような目を向けられのか、私なりに考えてみました。

まず、第一に仕事が夜だからということがあります。夜は休むものだという考えが絶対でした。昔から、太陽が出たら働き、沈んだら寝るという生活習慣と身体のリズムで人間はやってきたのですか

ら。

ところが私たちのお仕事は、太陽が沈んだら始まりです。夜の世界はなんとなく暗いところで、その世界には胡散《うさん》臭い匂いがいっぱい感じられるのでしょう。

もっともそれもありますが母の心配は、そんな逆の生活リズムをしていたら健康に悪いと、私の身体のことを心配してくれたのかもしれません。

それから、この世界は男と女の、お酒を交えた妖《あや》しい時間と場所です。お酒を飲んだ男の人の中には、酔って暴れたり、からんだりする人もいるでしょう。時には女の子に悪さをする人もいるのです。たいていは陽気に飲んでいかれる方ばかりですが、世間の目はそうは見てくれません。いくらうちの店だけはそんなんと違うといっても、世間の人の見方は、そこに淫《みだ》らなものを感じてしまうからです。

ここから、少し〝お伝さん〟の「お酒の教育講座」になりますが、辛抱《しんぼう》して読んでください。

お酒はとても古い飲み物です。

はるか昔のギリシャ神話にも出てきます。お酒を司る、つまり管理してはる神様はディオニッソスといいますが、ローマ名のバッカスのほうが聞き覚えがある方が多いのと違いますか。

この方は私たちの水商売の神さんでもあるのです。

バッカスの父は大神のゼウスです。たくさんの女子《おなご》さんに手を出して、仰山子供を作った神さんの大元締めですね。だからバッカスの母親はいろいろな説がありますが誰だかわかりません。

この浮気の神さんのゼウスに、奥さんのヘラーという神さんがいまして、この奥さん、嫉妬の塊のような神さんでしたん。しょっちゅう夫婦喧嘩が絶えなかったそうです。

バッカスはぶどうの神、祝祭の神、そして恍惚《こうこつ》、といってもボケと違いますよ、エクスタシーを与える神でもあったのです。たくさんのお役目を持った神さんでした。このバッカスは地中海にぶどうを作る栽培方法を教え、ぶどう酒を造ることを教えたのもこの神さんで、オリンポスの十二神の一人でもあったのです。非常に気さくで、しばしば地上に降りてきては人々と楽しく遊んでいらしたので、ギリシャで最も愛され親しまれた神さんでもあったということです。そこでバッカス信仰という宗教が生まれてしまい、恍惚となる術を教える神さんですから、その信仰は当然、変な方向に進んでいきます。つまり、お酒とエクスタシーとなれば、どうしてもセックスがつきものです。だからバッカス信仰は、淫靡《いんび》で淫《みだ》らな信仰といわれるようになってしまったのです。

（誰ですか、羨《うらや》ましそうな顔をして読んでいるのは？）

そこで、キリスト教では酒はよくないものとされましたし、イスラム教では飲むことさえも禁じられ、仏教でも絶対に御法度《ごはっと》になったのです。

世界の三大宗教から「悪魔の水」と嫌われてしまったお酒が、未だに世界中にあることが不思議な気がしないではありませんが……。

そういうように、昔からお酒の周りには良からぬ評判があったことも事実です。

といいましても京都のお坊さんたちは、般若湯《はんにゃとう》とかいって飲んでいる方もいてはるし、「命を削るカンナ」といわれるかと思うと、「百薬の長」といって、少量なら身体に良いといわれています。

要は飲む人の心構えの問題であって、適量のお酒は本当に人と人の垣根を払ってくれる潤滑油《じゅんかつゆ》にもなりますし、疲れた時にほっとして飲むお酒の味は、また格別だという人も仰山いてはります。

何事も、ほどほどに、ということではないでしょうか。

★〝素人ママ〟さん奮闘記

こうして親から絶縁され、一人になった私は、やるからには絶対に負けられない、失敗は意地でもすまいと思いました。小さい頃から〝負けず嫌い〟で通ってきた私です。

でも、いざ開店する日になってみると、さすがのお伝さんもドキドキです。果たしてお客さんは来てくれるのだろうか……と、開店する時の心配はみんな同じだと思います。

昭和三十五年といえば、社会は「安保」「安保」で騒然としていましたが、カラーテレビの本格放送も始まって、世の中インスタントといわれたのもこの頃です。

また、この年の暮れには、「国民所得の倍増計画が決定」して、ボツボツですが景気が上向きになっていました。その影響か、水商売の世界も「キャバレー」が華やかなりし時代です。


開店初日から閑古鳥《かんこどり》が鳴いていました。

これは後々お客さんから聞いた話ですが、皆さん閑古鳥ってなんて鳴くか知っていますか？「ヒマーヒマー」って鳴くそうです。

「でも、そんな鳥見たこともないわ」

と、いいますと、

「ここにおるやん、『たかはし』の店の中に仰山《ぎょうさん》飛んでるがな」

そんなようにからかわれるほど、私は素人丸出しのママをやっていました。

しかもバックになって来てくれるお客もありませんでしたし、せっかくいらしたお客も、「いらっしゃいませ」と愛想はいうものの、ビール一つ、注ぎ方も知らないママですから、すぐに出て行ってしまいます。

お店がヒマだからといって、ぼんやりしている訳にはいきません。お酒を売るお店で、当たり前ですが油を売るお店と違います。フフ……。

そこで、〝お伝さん〟の負けじ魂の発揮です。

当時住んでいた野江のあたりを一軒一軒回って、

「今度、梅田の堂山町にお店開いたのです、どうぞ一度来てくださいませ」

といって歩きました。

また、昔の広告の営業で知り合った人や、いろいろな方の伝手《つて》を頼って男性のチーフと、この道のプロの女性を置いたのです。

私の宣伝が功を奏したのか、人が整ったのか、それからはボツボツとお客が来てくれるようになりました。

一度いらしたお客というのは、自分が気に入ったお店だと、仲間や知り合い、家族まで連れてきてくれるようになります。持ち前の私の素人臭さが気に入っていただけたのか、思いがけないほどのお客が来てくれるようになったのです。

五坪のお店に十人も入ると、それは賑やかです。静かなお店を好まれる方もいらっしゃいますが、土地が土地なだけに、下町の気さくな方たちや地方から出ていらした方が多く、皆さん愉快なお酒が好きな方ばかりです。やはり、お酒は楽しく飲むものと気づきました。

この世界を知らない私には、水商売という接客業はなかなか難しいものがありました。

入れた女の子はプロですが、ママの私は素人です。

「いらっしゃいませ」と元気に声を上げてお迎えするのはいいのですが、その後がいけません。

注文を聞いた女の子の前で、ビールを注ぐのですが、その注ぎ方も素人で、プロの注ぎ方というものを知りません。

私は頭を下げてその子に教えてもらうのですが、その女の子の言い方がまたこれ憎らしいのです。

あからさまに人を馬鹿にした態度と物の言い様がありありと分かるのです。ですが、経験の差はどうしょうもありません。いわれていることはそのとおりなんですから、ぐっとこらえていました。

ある時などは、お客様の前で、

「ママ、そういう時はこうするの！」

といいざま、ビール瓶をひったくるようにして取られ、

「すいませんねえ、ママが素人で……」

というではありませんか。

負けず嫌いな〝お伝さん〟のことです。経営者だというプライドもあります。お客さんには、

「そうなんですよ。まだ日が浅いもので」

と、その場を繕《つくろ》いながら、トイレに駆け込んでは、何度も悔し涙を流しました。

「ビールの注ぎ方くらいでなんで？」と思うものの、この商売にはそれもやはり基本なのでしょう。プロが注ぐにはそれなりの理由があったのですから、お客様に不愉快な思いをさせては、やはり失格です。自分で選んでこの商売を始めた以上は、こんなことくらいでへこたれたりする〝お伝さん〟ではありません。

早く、あの子にいわさないようにしてやる、と気持を切り替えて、トイレを出た時はもう笑顔の私に戻っていました。

★　お客が決めるお酒のお値段

私は店の女の子に意地悪をされながらも、身体の中には東北人の

血が流れていますから、その根性で、顔で笑って心で泣きながらも、一生懸命「水商売の道」を学び続けていました。一度やり始めたことから、意地でも逃げ出すわけにはいかないのです。

次に私に降り掛かってきた難題は、お酒の値段でした。

商売になる値段を決めるというのは容易なことではありません。採算を度外視していたら店はつぶれます。かといって、お客様が納得しないような値段をいただいたら、もう次からはそのお客様はいらしてくれないでしょう。

値段の分からないママの苦肉の策が、またまた「たかはし」の評判になったのです。

それは、お客様に飲んだ金額を決めてもらう、という戦術でした。

「ママ、お勘定」

といわれたら、

「お客さん、ご自分で決めてください」

とやったのです。

そういわれたお客さまのほうが最初はびっくりしていました。

しかし、このやり方は一石二鳥といいますか、思いがけない効果を「たかはし」にもたらしたのです。何が幸いするか分かりません。

「あそこのママは、おもろい勘定の仕方するで」

これが評判となって、連日大入り満員です。こうなると、中には当然ごまかそうとするお客さんも出てきます。

お店にとってお客様は確かに一番大切です。

しかし、誰でも彼でもお金を払えばいいだろうというお客様が大切なお客様かというと、そうではないというのが私の考えでした。これは私がこの商売を始める時に思い立った哲学とでもいいましょうか。

「たかはし」はお酒を出すのが商売です。

しかし、うちのお店で造っている特別なお酒を出しているわけではありません。いってみればどこで飲んでも同じお酒を出しているのです。

それならば、なんでこの「たかはし」にお客様がいらしてくれるのか、どうすれば、この五坪しかない小さなお店に、気持よく来ていただけるかを考えました。

それはお酒を飲むところだけではいけない、という答えが出てきたのです。

つまり、お客様とお店、お客様と私、この〝お伝ちゃん〟との信頼関係だということです。

お酒を飲まれる方はそれぞれに、いろいろな心の持ち様で入っていらっしゃいます。お酒を飲もうという気分と二人連れでくる方もいれば、仲間と愉快に今日はとことん飲むという方たちも。また、気分がくさくさして、気分転換にという方もいれば、この私とゆっくり話をしたいと思ってくる方も、中にはいらっしゃるのです。

（誰ですか？　大きな手を横に振っているのは？　えっ？　そんなもんおらへんて？〝馬鹿もん〟ここが大事なとこやから、よおく聞いていなさい。静かに）

えらいすいません。アホな息子が多いもので。どこまで話しましたかいな。そうそう、お客様の種類ですわ。

そのようないろいろなご事情を持ってくるお客様が、お酒を飲む場が気分のいいところ、そのご自分の気持を分かってくれて、飲ましてくれるところが、一番やと思いました。

だから、「たかはし」に来て飲んでよかった、楽しかった、旨い酒だったといわれるようなお店にするのが、私の店作りの方針、コンセプトだったのです。（コンセプトくらい知っておまんがな）

「たかはし」のお店は来ていただく回数ではありません。そんなものを求めて、何度も電話をかけてお誘いしていたら、嫌われることは目に見えて分かっています。

私は「たかはし」に来て飲んで、楽しかった、いいお客の仲間入りが出来たし、と分かっていただけるお客様が集まれるお店にしようと思っていたのです。

これはある意味で私の賭けでもあり、戦いでもありました。しかし、人間そこに誠心誠意があれば、きっと分かっていただけると思っていました。

お客様に値段を決めていただくという方法は、私が希望するお客様か、そうでないお客様かを見極める上で、とてもはっきりとした答えを出してくれました。

お酒の値段も知らないまったくの素人ママの私でも、この方法だと、だいたいどのくらい飲めばいくらくらいかは、日が経つにつれて分かってきます。

「ママ、はい、これお勘定」

「お客さん、これ、ちょっと、おかしいでっせ」

「なんでやねん？」

「お客さん、前、いらした時、同じ物お飲みになって量が同じで、これと違う値段書きましたやろ」

「ありゃ、覚えとるんかいな」

「四日経ったらプロ！　いいますやんか」

「参ったな」

「ほなら、中をとって、これでどうだす」

「おお、それでええわ」

このような、陰日向のあるお客さんは、こちらからご遠慮させていただくのです。その代わり、話も面白くて、物事にきれいなお客様には、こちらからお名刺を交換して、末永くご贔屓《ひいき》にしていただくようにしています。

お酒の場というのは、本当にその方々の本性が見えるだけに、人間を見る上でとても勉強になることが、この仕事をやっていくうちに、だんだんと分かってきました。

★女の子百様

今日まで、私はこのお店「たかはし」の暖簾《のれん》を掲げて四十二年間、今でも〝お伝さん〟流の商売をやってきていますが、これまで私のもとで働いてくれた女の子の数は、優に百人は超えているでしょう。

振り返ってみますと、その時代時代を反映して実にいろいろな娘《こ》というか、女の人たちが私のもとに集まり、そして去っていきました。私のめがねに叶ったいい子もいましたし、半日で姿を消した子もいます。

私は、人との交わりは身内や親戚、知人に限らず、お客様もお取引業者さんも、そして店の従業員である女の子もすべての人が、私と巡り合って親しくなったり、離れていったりするのは、みんな何かの〝縁〟があってのことだと思っています。

偶然とか〝たまたま〟という人もいるでしょうが、確率の点からいっても、限りなく零に近い偶然ということは、私たちの生活の中ではあまり起こりません。因果ということから考えましても、何かしら私たちが気づかないところで、そうなるにはそうなるなりの因《もと》があって、そのように人は結びついているのではないでしょうか。

それが〝縁〟だというものと教わったことがあります。私はそのとおりだと思います。

ですから、私のお店「たかはし」に来た女の子たちも、何かの縁があって私のもとに来たはずですし、去って行った子たちは、それも縁がなかったから去って行ったのだと思います。そう思えば、そのほうが人を恨んだり、妬《ねた》んだり、自分が後悔するよりもずっと心が健康でいられるのです。

私はこの自分も含めて、この世界の女の子たちの有り様をつぶさに見てきました。

中でも開店当初、私に意地悪をしてまでも、ビールの注ぎ方を教えてくれた女《こ》が一番印象に残っています。あの人がいたからこそ、私の負けじ魂に火がついたと思えば、ある意味では恩人の一人になるのではないかと、この頃では思えるようになってきました。といいましても、〝お伝さん〟も人の子、もっと若い頃は、

「おのれ、こいつ、今に見ていろ、きっとこの仇は……」

と思わないでもありませんでした、正直な話。

そして、この世界で生きていく女の生き様を見ていますと、哀し

くもあり、愚かでもある人たちがなんと多いことかと驚かされてきたのです。

どんな仕事の世界でも、人間は成長をしなければならない、というのが、私がずっと持ってきた考え方です。

私などは、この歳になってもまだまだ自分に足りないところがあるのを知っていますから、本も読みますし、新聞、テレビなどで最新の情報を頭に入れています。

そして、お店に来るお客様といろいろお話する中で、自分にないものを吸収させていただいていますから、今もって成長をしているつもりです。

と、いいましてもこのところ、哀しいかな忘れやすくなってきていますねんや、正直。ほんま。

縁あって私の店に来た子には、この世界にいても、なんとか人間として成長してほしいというのが、私の人を使う気持の根本にありました。

あるお客さんとこの話をした時に、その方は、おべんちゃらをいうような方とは決して違います。その方がこういっていました。「世間から水商売の女を、卑しく下種《げす》と見られたり、この商売を淫らな商売と思っている人が多いのは、この世界のママさんや女の子たちが自分たちでそう見られてしまうようにしてきたんや。だからそういう男たちが集まってくるんや。

ところが、おかぁーんのところはちょっと違う。おかぁーんの店は本当に『憩いの店』としてやってきたから、こない長いこと、しかも今もって現役でやってこれてんのやろ。だから、未だに四十年前のお客さんかて来ておりますやないか。えらいことでっせ、それは、栄光の四十数年や。

そりゃ、長い年月の中には、おかぁーんにもいろいろな誘惑やら、好きなタイプの男さんも居《お》ったことと思う。それは当たり前や、人間生身ですさかいな。でも、おかぁーんは、自分の信念を貫き通したから、その栄光もあったのと違うかなあ……。つまりは自分に勝ったというこっちゃ」

　私は涙が出るほど嬉しかったのです。ああ、ここにも私を分かってくださる方がいたと。嬉しく、ありがたくそのお言葉をいただきました。


　ここで少し雑談をさせていただきます。

　前のところでお客さまの言葉として、私のことを〃おかぁーん〃と呼ばれたことを書きましたが、この言葉の響き、とっても温かみがあって私は大好きですねん。まだ、商売を始めて間もない頃、この関西独特の呼び名の本当の意味が分からずに、笑われたことがあります。私は、〃おかぁーん〃といいますと「おかあさん」という意味かと思っておりまして、なんでこの人私のこと「おかあさん」と呼ぶのやろ、歳は私よりずっと上なのにと、しばらくは怪訝《けげん》な顔で、呼ばれても返事をしなかったくらいです。えらいすいませんでした。

　ところが、この〃おかぁーん〃とは、この世界では「女将《おかみ》さん」という意味だったのですね。花柳界の世界では女将さん、経営者のことを「おかあさん」と呼んでいるところがあるくらいです。

つまり、ママさん、などと無粋な呼び名でなく、このほうがよっぽど親しみもあり、尊敬もあっての呼び名だということが分かったのは、ずっと後のことでした。それからは、私は〝おかぁーん〟と呼ばれたら、〝なんです？ 息子〟と呼び返すことにしたのです。お陰さまでたくさんの息子が私に誕生してきました。出来のいい子も、悪い子も含めて。

★〝お伝さん〟の接客塾

私は女である事はすばらしいと思っています。でもその前に、人間としての魅力がなければならないとも思うのです。

人間としての魅力といいますと、それは誰に対してでも優しい心でいることであり、思いやる心配りであり、謙虚さも入りますし、正直で清潔な生き方をすることもそうです。そして何よりも大事なことは、いつも前向きに自分を高めようとする、成長への努力をする姿ではないでしょうか。

それはどの世界にいても同じです。たとえ水商売の世界にいて、お酒の場にいても、普段からそのように心がけて生きている人や女の子は、どこかに魅力があります。

決して顔かたちの目鼻立ちやスタイルだけではないのです。顔かたちの善し悪しなんていうものは、それは本人の責任ではありませんから。まずい顔立ちの人などは造ってくれたご両親の基礎工事のまずさが原因です。それで本人にあれこれいうのは、酷というものです。

そして若さもそうです。若いだけが取り柄だなんていわれている方もいますが、なんとさみしい事でしょう。ところが、お客様は、この手の綺麗で、若くてというところに目が眩《くら》んでしまう方が多いのです。

肝心なものが欠けていることに気がつかないのです。

それは、心の綺麗さが魅力というものです。

見目の綺麗さには飽きがきます。慣れていくと同時に衰えていきますが、心の綺麗さは、付き合えば付き合うほど味がありますし、綺麗さは増していきます。安心があって、和やかさがあって、芯からの満足があると思うのです。

私の店は今、私が七十をとっくの昔に過ぎてしまっていますし、若いぴちぴちした女の子は、昔の私を除いて誰もいません。それでもお客様は来てくれています。

なぜでしょうか、そこには、若い女の子では絶対に出来ない、「たかはし」ならではのおもてなしをさせていただいているからです。そこが分かっているお客様が来てくださるのです。

「この店に来たら、なんか、ほっとするな」

「若い子もおらんし、なんにも取り柄がないけど、なんでか、また来てしまうねん」

「家におるようや、おかぁーんと飲んでいると、これで勘定取るからああ、『たかはし』で飲んでたんやと思うんやけど」

口こそ悪いが、温かい言葉をたくさん聞かせてもらっています。

若い子さえいればいいという方は、いくらでも他にお店がありますから、残念ですがそちらに行っていただければいいのです。

と、いいましても、人間の魅力は幾つになっても同じですから、歳がいっているから人間的に魅力があるかといいますと、一概にそうではないのが正直なところです。

この人、この歳になるまで何を学んできたのだろうか？　という女の人もたくさん知っています。

それだけに、私の店で働く女の子には、いい人生勉強の場として、自分を高めるために、もっともっと自分を磨いてほしいと思うのが、私の本心であり、厳しくいう基なのです。

「あなた、今のままの心がけでいたら、どうするの？　歳とってから後悔しても遅いのやで」

「ほっといてください、私は好きにやっていくのですから。自分は自分の責任、持ちますから」

こういう投げやりに「もうこれで、終わり」という子を見ると、なんで？　と思い、哀しくなります。

当然、こういう子はお客様に対する応対がなっていません。心から歓迎して、楽しいお酒を飲んでいただいて帰ってもらおうなどという気持は微塵《みじん》もありません。自分の若さと、塗りたくった化粧の厚さに甘えて、女だから……という気持や態度が表に出てしまうのです。

特に若い女の子の中には、お客様というよりも、男性を小馬鹿にしている子を見ると、こちらのほうがひやひやしてしまいます。若い私が相手をしてやっているんだから、ありがたいと思え、文句はいうなという態度が見え見えなのです。

男の方を見くびってはいけません。しかもその多くは年上の方です。成り風体だけで判断して、自分本位の価値観で物をいっていたら、大間違いです。それぞれに、様々に、男の方はいろいろな人生のしがらみという重みを背負って生きているのです。

悪いとは知りつつ、奥さん以外の女性を好きになってしまったり、仕事上で胃が痛くなるほどの思いをしたり、中にはなんで生きているのだろう、と思うほどの辛いものを引きずっていたりと様々です。

その憩いのひとときを、私たちのお店に過ごしに来ていらっしゃるということを分からなければいけません。

だからこそ、お仕事の愚痴《ぐち》や、家のこと、子供のこと、奥様のことをお話になるのです。そこのところをよく見極めて、上手に受け答えするのは、この道のプロのすることです。私たちから決して答えを求めているのではなく、話すことで気持の整理を、ご自分でつけておられるのかもしれません。ご相談を受けたからといって、とても私たちの手に負《お》えないことばかりですから、所詮分かってあげることなどは無理なのです。大事なことはよけいなことはいわずに、「男の人も、大変ですね」と、しみじみといってあげるくらいが、男の方はほっとして安心するでしょう。

だから、頭を使わなくてはいけないお仕事なのです。

若いから出来ると思っていたら、間違いで、この世界はそんなに甘いものではありません。

そして、お帰りの時は、心から、いいお話を聞かせていただいてありがとうございます、という気持を込めてお見送りすると、お客様の満足は得られて、

「おう、また、明日来るからな！」

となるのです。

これが商売というものです。


心あるお客様は、心のない女の子をすぐに見抜きます。

いつでしたか、まだ私がお客様にビールの注ぎ方も慣れない頃、私のぎこちなさにその女の子は、お客様の前で、これ見よがしに私のほうが上手く注げるというのを見せようと、

「ママ、そうじゃないの！　こうするの！」

と分《ぶん》を弁《わきま》えない態度で、私をないがしろにしたのです。

すると、そのお客様は、

「お前な、何いうてるねん、誰から給金もろてると思っててん！」

と、いいますと、その子はしゃあしゃあと答えたのです。

「それは、お客様から！」

いい根性していますす。すると、そのお客様は、

「コラッ！」

それはものすごい怒り様でした。この子もしばらくして私の気持が分からずに辞めていきました。その時、女の子を叱ってくれた方は、鉄道公団にお勤めで、それからもずうっと私の店に来てくださっています。

私が店の女の子に求めることを一言でいうならば、それは「優しさと気配り」といえると思います。それはお客様一人一人に対して違った気配りと優しさなのです。

何度もいいますが、お酒を飲みに来るお客様はそれぞれにお酒を

飲みたい心模様がおありになってのことです。

「さあ、今夜もここで飲んで、明日も頑張るぞ」

という方もいれば、

「明日の支払い、どないしよう。やっぱり一度閉じて、出直すか……」

という方もいらっしゃると思うのです。

だから、そんなお客様のお気持をこちらが汲み取って、その方に合った接待をしないといけないのです。

私は、自分勝手におしゃべりする人が、男であれ女であれ最も嫌うところです。お客様の心境を考えずに、自分のことばかり話したかと思うと、お客様の真剣な話を、冗談と受け止めたり、空耳で聞いていなかったりする女の子は、言語道断です。適当に相槌を打てばいいのだというのではありません。口からでまかせの対応で、流す様にあしらっていると、結局お客様は離れていってしまいます。

私はこの永きに渡ってやってこられた「たかはし」を、ただ、お酒を飲ませる場というのではなく、店は小さいながらも、皆さんの大きな信頼で繋がった「社交場」だとして、やってきてよかったと思っています。

　さて、女の子といえば、ちょっと大変な子もおりました。その子はやくざ屋さんと繋がっていた子でした。今から八年くらい前の話です。

「たかはし」はご承知のように色気を売り物にする店と違いますから、お客様と店の女の子が特別な関係になることは、私は禁じていたのです。

　しかし、前に他の店で勤めていた子が、お客様をお呼びすることは商売上、歓迎していました。お馴染みさんが来てくれたら、女の子も安心するでしょうし。

　ところがです。その子の場合、お客様を連れてきたのはいいのですが、その方は毎日顔を出していくのです。女の子は水商売に慣れているとはいえ、普通の子に見えました、私には。ですから私は別段気に留めることなく見ていたのです。他のお客様と諍《いさか》いをするでもなく、黙って飲んで帰るだけでしたので。

ところがある日、その男と女の子が一緒にやってきて、法外な給料を出せというのです。その男は明らかにその道の言葉と態度で、私に詰め寄ってきました。その子は、ふてぶてしくいつもの態度と違って、立ったまま、タバコをふかしてそっぽを向いています。やくざ屋さんと明らかにつるんでいたのです。

こういう話は聞いたことはありますが、まさか私の店で起きようとは人生何があるかわかりません。

男と女がいて、善し悪しは別にそこに深い絆《きずな》が出来てしまうと、男も変わりますし、女も男の方の影響を受けて変わっていきます。

これは水商売の世界だけでなく、一般社会の中でも起こることです。

だから男も女も、連れ合いという人には、自分に相応《ふさわ》しい人を選んで、大事にしなければならないのですが。

夜の世界にはこの手の男と女のドロドロした話は、たくさんあって、そんな泥沼に陥《おちい》って、消えていったお店やママの姿を私はこれまでいやというほど目にしてきました。

結局、その件はどうしたかというと、〝お伝さん〟には頼りになる男の人もおりませんでしたし、余分なお金を出す気持も全くありませんでしたから、弁護士さんに事情を話して解決してもらいました。

せっかく縁があって私のお店で働くことになったのに、この子もきっと悪い男に見込まれてしまったのかと、縁が切れていくことに気の毒になりましたが、結局は本人の見る目が濁っていたということなのでしょう。

「本当に大切なものは、目に見えない」という言葉があります。

これは私が最近知った言葉で、出所は『星の王子様』という童話です。大きな企業でよくCMに使っているキャラクターで有名です。

（えっ、知らない？　〝歳《とし》のおじさま〟なら「たかはし」に毎晩来てるって？　誰や！　そんなアホいうてる人は。〝馬鹿もん〟）

その言葉は、この童話の中でキツネが王子様に「本当に大切なものは、目に見えないってことさ」という場面に出てきます。

人と人とがお付き合いする上で、上辺《うわべ》の形良さや、言葉や、持っている物などは見えますが、その人の本心のところはなかなか分からないものです。目に見えない部分でこそ分かり合って信頼し合えば、本当のお付き合いが出来る、といっているこの童話は、私の琴線にピッタリの言葉でした。

年齢を重ねるに従って、自分の生き方の中で培《つちか》ってきたものは、若い二十代や三十代の方にはないものがあり、それなりの歳ならばこその魅力だと思うのです。その経験でお客様の心模様をみて、おもてなししてほしいというのが、私の接客信条の第一なのです。ところが、この考えは今の店の子たちに求めてみても、なかなか理解してくれる子は少ないようです。

私は返す返すも、今の私の歳を複雑な思いで振り返っています。現実として突きつけられているこの歳を。

もし、もう十年、いえ、せめて七年、私が昔に還れたら、私は自分が得てきた体験と心構えを、この世界で働く女の子たちの行く末を豊かにするため、そして人間として成長してもらうために、『夜の大学「たかはし」の〝お伝さん〟講座』と銘《めい》打って、学校を開いてやろうかと思っているほどです。

残念なことに神様は私から少しずつ、体力を持っていかはっておられますので、私はせめて気力だけは、これは亡くなったお母さんからもろたものですよってに、神さんでも渡すまいと思うています。

2 〝お伝さん〟の経営指南

★ ここは男と女のいる世界

この世の中は男と女しかいません。もっとも最近はニューハーフとかいって男か女か分からんのもおりますが、その人たちもどちらかの性に憧《あこが》れてなっているものですから、つまりは男と女しかいません。それぞれがお互いに引き合うことで、この世の中ちゃんと続くようになっているのです。上手くできているものです。

さて、私たちの水商売のほとんどは、女性が中心のお仕事で、お客様のほとんどが男性です。

そこでこのお商売に集まってくる男性を漁《あさ》るために、この世界に入ってくる女性がいますが、私はこういう女の人たちはあまり感心しません。どことなく、心が卑《いや》しい気がします。

漁るような気持で男の人に近づいていくというのは、どこかに打算があるように思えてならないのです。みんながみんなそうだとは一概にはいい切れませんが、そういう打算で異性に近づくと、相手も打算で受け取るようになるのではないでしょうか。いくら表面を繕《つくろ》っても人間の感覚はそれほど鈍いものではありません。

男の方が女性を好きなように、女だって素敵な男性が好きです。お互い人間ですからふつふつと沸き上がる情感は同じで、燃えるような恋愛は、この〝お伝さん〟かて素敵に思います。

男と女では魅力の出し方に違いがあると思うのですが、どうお考えですか。皆さんは？

女の魅力というと、色気という方がいらっしゃいますが、それだけではないと思います。それはこの〝お伝さん〟がいい例です。私は自分の中で色気というものを意識したことはなかったのですが、他の色気のある人と比較して、人間的な魅力が劣っているとは思っていませんでした。まだ若かったこともありますが、不思議と年下の男の人からも好かれていたのです。
今の時代、どちらかというと女性のほうが強い時代になっていま
す。
社会に出て活躍している女性もたくさんいて、本当に良い時代で
はないでしょうか。
しかし、女性が自惚《うぬぼ》れてはいけません。やはり男あってのこの世
ですし、女あってのこの世ですから。お互い、性別は別として人間
としての魅力を磨き合っていくことだと思います。
女性が強いというようになったのも、歴史の循環でしょうか。平
塚らいてうという人が「原始、女性は神だった」といっているよう
に、古代から日本は母系の社会でした。そういえば、天照大神も女
性ですし、卑弥呼さんも女性です。
男と女本当に不思議です。
同じ国に生まれて、同じ言葉でしゃべっても、分かり合えない時
は分かり合えない部分がたくさんあるのですから。

「男と女の間には深くて暗い川がある」という歌があります。越えられない溝があるから別れもあるのでしょう。

私も全くこの歳まで、経験をしてきたことがない訳ではありません。しかし今の時代の人たちのように、自由奔放《じゆうほんぽう》に振舞える時代ではなく、秘めたる思いの中に、その気持を育ててきた世代の人間ですから、時代が変わった今、今日日《きょうび》の男と女の心理のことはよく分からなくなりました。この問題だけは、〝お伝さん〟の泣き所かもしれません。

ある物理学の先生がおっしゃっていました。

「物質というものは同質のものが集合する」と。

私は人間も同じだと思います。男も女も。

「よく、朱に交われば赤くなる」とか、「水心あれば魚心」とかいうではありませんか。

同じ性格の者が、自分の中に同じ物を持っているのを相手に見て、寄ってくるのでしょう。朱の中に入っていって赤くなるのも、もともとはその朱に惹《ひ》かれるものがあるから、入っていくのでしょうし、水心という欲があるから、その慾に惹かれた魚心が寄ってくるのだと思います。

男と女の付き合い方を見ていますと、賢い男の人には賢い女性がついていますし、それなりの人には、やはり、それなりの女が側にいます。しょうもない男にはやっぱりその性格を見抜けない、上辺だけの格好の良さに目の眩んだ女の子が寄っていきます。

つくづくと「割れ鍋に閉じ蓋」とはよくいったものだと感心しています。

夫婦の姿もそうだろうと思います。

「夫婦は一体」というのは、二人が一つの単位で見られるということでしょう。夫が夫なら、妻も妻だというご夫婦はたくさんいます。そうでない賢婦人もいて、夫の不甲斐《ふがい》なさをしっかり支えている方もいますが、それはどこかにその夫に惹かれるものがあってのことで、根は同質なのかもしれません。だから許せるのです。

結局、人間、同質というのはお互いの性格の中に同じものを見つけ合うから、安心があるのではないでしょうか。

私の店は、色気でお酒を売る店と違う、心の繋がりを大切にする社交場だという私の方針は、お客様の質（すいません、えらそうに言って）にも出て、今の「たかはし」にいらしていただけるお客様は、皆さん紳士です。

それが店の格というものと違いますでしょうか。

だから、そこで働く女の子も同じで、お客様の話をお聞きしていると、とてもためになるお話が、善きにつけ悪しきにつけたくさん聞くことが出来ますし、みんな良い人生の教材になるのです。自分を成長させる肥やしにもなるのです。

お客様は神様であるとは、こんなところにもいえるのではないでしょうか。

私は陰口が嫌いですから、お客様に対しても、あかんことはあかん、と、はっきりと面と向かっていいます。陰でこそこそいっても、人の口には戸が立てられませんから、回りまわって最後はその人の耳に入ってしまうことはよくあることです。思いがけない人が自分の悪口をいっているというのは、あまり気分がいいものではありません。

店の女の子に対してもそうです。私はその子を叱る時はみんなを集めて思い切り叱ります。それも、その叱られる原因が湯気が立っている時に叱ります。そうでないと、時間を置いて後でなんて思っていると、やった本人も自覚が薄れ、必ず自分本位の言い訳を始めます。

「だって、ママ……」

だってはいらないのです。〝お伝さん〟が本気で怒ると恐いのですよ。（誰ですか？　みんなで肯いているのは？）

私がみんなを集めて叱るのには訳があります。それは、その間違いや、心得違いは、そのやった子だけの問題ではないからです。私が叱っていることをみんながわが身に省みて考えてほしいから、みんなの前で叱るのです。他人事と聞かんといて！　ということです。学習して欲しいのです。次からみんなが気をつければ済むことです。

ここに面白い話があります。「たかはし」のお店ならではの二人のお客様の性格が出たエピソードです。

ある日、私が二人のお客様の前で、その子の行き届かないところをきつく注意したことがありました。確か、自分がしゃべることに夢中になって、お客様の灰皿の交換を疎《おろそ》かにしていたからだったと思います。

すると、ある大手の酒造販売の部長という方が、女の子に向かって、こういうのです。

「ここの、〝おかぁーん〟きついやろ、かなわんなぁー」

私は、ああこの人はあかんなとすぐ思いました。よう、これで人の上に立っていられるなと。

もう一人のお客様は、カウンターの隅で静かにお酒を飲んでいらっしゃいました。知らん顔をして。

翌日、前夜カウンターの隅で飲んでいらしたお客様がいらして、昨日、私に叱られた子にこういうのです。

「昨日はいい勉強したな。みんなあんたが大きくなる肥やしになるんやで〝おかぁーん〟がいうことは。腹立てたらあかん、損や。そこで成長がストップしてしまうよってにな、辛抱して、頑張るんやで」

私は聞くともなしに二人の話を耳にして、ああ、私のことが分かってくれていたお客さんがここにもいてよかった、と思いました。このお客様は今でもいらしていただいています。えっ？　あのアホな部長ですか？　それっきりですわ。風の噂によりますと、なんや地方に飛ばされてしもうた、ということですわ。

★ケチと始末の違い

女の子を叱った後、私は後を引くのが嫌いですから、一度叱り終わると、

「さあ、分かったら、またみんなで頑張っていこうね。ちょっとビールでも飲もうか」

といって、アフターホローを必ずします。そのほうが後腐れなくて、爽やかでいいじゃないですか。

そんな時には、ちょっと乾いたり湿ったりしていて、お客様にはお出し出来ないおつまみや、お菓子ですませます。

「おやおや、〝お伝さん〟もケチくさ！」

と思われますか？　そこが違うのです。これは始末です。

ケチと始末は違います。ケチは独り占めすることです。

例えばこうやって残り物を使っておいて、そこから上がった利益を独り占めして、自分だけいい思いをするのがケチです。十分採算は合って利益は上がっているのに、それを従業員に分け与えないで、

自分だけのものして、おまけにしょうもないところに使ってしまうのがケチ根性です。そんな男は持てません。お金が切れたら縁も切れてしまいます。

始末とは無駄にしない精神です。感謝を知っている心の作用です。そこには、作ってくれた人とか、物の役目に対する感謝があるから、無駄に出来ないのです。人や物を大切にする心があるのです。物を大切にしない人に、人や、お客様を大切に出来ますかいな。そのお菓子やおつまみにしても、私たちのところに来るまでの間、たくさんの人の手がかかっているのです。どうやって美味《おい》しく食べてもらおう、どうすれば美しく見えるだろうという工夫がされているのです。

そうして苦労して作られたお菓子やおつまみを、時間が経って古くなった、使わなかったという人間の勝手で、ポイと捨ててしまうことは物がかわいそうですし、それを作ってくれた人に対しても失礼ではないですか。

私たちの生活も商売も、何かしら他の人の手を借りて、支えられてやっていけているのです。お酒にしても、カラオケにしても、グラスや灰皿などあらゆるものが、人様の手によって作られ、それらに助けられて「たかはし」は四十数年もやってこられたのです。

大きな会社でも同じだと思うのです。自分一人の力は知れています。大勢の人に支えられて、そのまた周りの大勢の人に助けられて、立派に仕事がこなせていけるのと違いますか。そのお陰でやっていけてると思うと、感謝して当然でしょう。

私が始末する心には、そんな感謝の気持があるからするのです。もし、あなたが、まだ自分は役目を果たせると思っているのに、職場を追われたり、仕事から外されて棄てられるように他に移されたらどう思いますか。

始末するというのはリストラとは違うのです。使えるものはきちんとその役目を全うさせてあげることなのです。

ところが、自分でお金を出して買ったものだから、どうしようと勝手でしょという人がいますが、自分が働いて得たお金の価値を知っている人はそんなことをしません。働いて得たお金ですから、無駄には使えないのです。感謝や恩を思って使いますから無駄なお金は使いません。それが活きたお金の使い方というものです。

食事にしてもそうです。最近は飽食の時代とかいって、たくさんのお料理が街に溢《あふ》れ、家庭の食卓をも賑わしていますが、見ていると、子供たちは、大人でもそうですが、実に多くのものを食べ残しています。

私は出されたものは、たとえパセリの一つでも、レモンの一かけらでも残さずにいただきます。決して食べ物がない時代を生きてきたからだけではありません。根本的にそういう行儀の悪いことが出来ないのです。

その食材を作った人、それを運んできた人、そして料理を調理してくれた人のご苦労を思うと、その心がもったいなくて、ありがたくて無駄に出来ません。これも母から教わったことです。

たくさん食べさせてお腹を壊《こわ》すよりいいでしょ、という馬鹿な母親がいますが、残すほど子供の食べる量や数を、考えないで作っておいてそれをいうのは母親として失格です。

特にこの水商売は、高い料金をとって儲けているところがあります。チャージといって、小皿にちょこっとしたお菓子や料理を出して、高い料金にしているところは、物の価値と値段のバランスが崩れていますから、麻痺《まひ》をしてしまって、お金さえいただいたら、もうその物の役目は終わったとばかりに、どんどん棄てています。もったいないことです。

こういう店は経営者も店の者も考え違いをしていますから、どんどんお客が離れていきます。そしてまた高い料金を設定しないとやっていけない、悪循環です。始末して、無駄なところにお金を使わないで、それで安い料金で、お客様に喜んでいただけるなら、お店は繁盛するに決まっています。

私たちの仕事で、サービスするということはなんでしょう。決してほっぺにチュウをしてあげることではありません。

（わし、おかぁーんにされたで！　といってるのは誰や？　それはもののはずみですやん！）

うちのお店でサービスというのは、お客様に心地よく飲んでいただけるよう、気配りをして差し上げることです。言われる前に、気がつかれる前にさせていただくのが一つの大事なサービスで、豪華なプレゼントや、高級な椅子、テーブルを揃えるのとは違うと思います。

「たかはし」はカウンターの中も狭く、人がひとり通るのもままならないほど小さなお店です。

「灰皿」一つのことにしてもそうです。

「たかはし」は灰皿を洗って出す教育はしていません。灰皿に吸殻《すいがら》が二、三本溜まったら、すぐに交換して、引き上げた灰皿は乾いた布で拭くか、ティッシュペーパーで拭いてお出しします。それを洗って出して少しでも濡《ぬ》れていたら、タバコを置いた時に濡れてしまいますから。

それも心配りの一つです。洗って見た目をきれいにするよりも、お客様にご不便をかけないことがサービスなのです。そうして灰皿を拭いている間も、お客様に目を配り、ちゃんとお相手をしながら動くことです。小さなお店ですから無駄な動きは許されないのです。その動きをすることにお給料を払っているのですから。

ところが、最近の子は無駄な動きを実にします。お店の中を手ぶらで行ったり来たりします。ちょっと気を配れば、下げてくる器があるのにです。気がつかないというか、心配りが足らないというか。こういう子は、それを注意すると、「ハアァ」と実に頼りない返事をしますし、中には、「今やります」といって、なかなか動かない子もいます。

「今やります」の返事は失格です。やらなかったから注意されたのですから、「すみません」といって、すぐにやることです。

賢い子は、時にはこちらが先走っていってしまっても、返事は「はい」一つです。そしてすぐに自分の手を止めても、こちらがいったことを先にやってくれます。

「あんたは、えらいな、素直で」

と誉《ほ》めると、

「だって、自分だって嫌じゃありませんか。いったことをいらいらして待たされるの。人にも負担をかけますし」

やはり賢い子はどこまでも賢いものです。

ところが、おつむの少々回らない子の返事はこうです。

「今これやってるんですよ。わかってますから、ちょっと待ってください」

そういって、自分の我を通していわれたことをすぐにしようとしません。

「たかはし」は若さも美貌《びぼう》もいらないのです。心がけがよく、気配りの出来る子がいればいいのです。〝お伝さん〟の魅力で十分なのです。

ところが、中にはこの道のベテランとなって、確かにお客のあしらいも上手いし、気も付くのですが、どこか心がこもっていない人がいます。その人の仕事振りを見ていますと、いかにもお客様を「捌《さば》いている」という感じがして、寒々となる時があるのです。決して真似をしたいとは思いません。いい反省材料にさせてもらうだけです。

★忙中閑話――〝お伝さん〟の運転免許――

「たかはし」の店を始めて三年目。

私は昭和三十八年に同じ堂山町「たかはし」のすぐ側に「クラブ千寿」を開店させました。この「クラブ千寿」開店の話は後述として、その頃、私は二つのお店を掛け持ちで、毎日が目の回る忙しさでした。今思って見ると、よくぞ、身体も壊さずに続けられたものだと思います。しかもその忙しい日々の中で、自動車の運転免許まで取りに行ったのですから。

城東区にある関目《せきめ》自動車学校が、私の住まいから近かったので、その自動車学校に通いました。

私の仕事は、ご承知のように夜遅くまでの仕事ですから、朝から学校に行っても酒気が消えていないのです。その頃は〝お伝さん〟も仕事上のお酒はお付き合い程度に口にする事が出来るようになっていたのです。

さて、学校に朝から行ったのはいいけれど、授業中は居眠りばかりで先生の講義などなんにも頭に入りません。

「高橋君、ここのところは、どう答える?」

「わかりませーん」

これですから、先生も厄介《やっかい》な生徒だと思われたでしょう。

この時の担当の先生は確か木下さんという方だったと思います。

それでも、試験を受ける人?　と聴かれた時は、「はいっ」って手を挙げていました。

「高橋君、ほんまに大丈夫か？」

「大丈夫！　大丈夫！」

どこがやねん？　という目で他の生徒さんたちが見ています。

いざ、試験当日。やっぱり二日酔いの酒気帯び登校です。ふらふらした頭で、暗記してきた答えは何一つ頭に浮かんできません。さすがの〝お伝さん〟も、これではいかんと思いまして、思い切って木下先生に、

「せっかく覚えてきた答えも、なんか意識が朦朧《もうろう》として、なかなか、よう出てこんのですわ。これは、迎え酒せな、どないにもなりませんです。先生、一つ校長先生に頼んでくれませんか、表でお酒飲んでくるのを」

さすが「飲み屋のママさん」です。その申し出に驚かない人はいないでしょう。しかし木下先生は優しい方で、校長先生には十五分で戻ってきますと許可をいただいて、一緒に近所の酒屋に行ってくれたのです。まだ朝が早いので、酒屋さんは閉まっています。それ

を、表の戸をどんどん叩いて起きてもらって、先生と二人でお酒を飲みました。私はそれで気分も盛り上がり、

「これで胴上げや」

と気炎《きえん》をあげ、先生も、

「その意気でガンバレ！」

考えてみれば、むちゃくちゃですが、いい時代でした。

試験の結果は八十五点でした。同じクラスのみんなは、私が店をやって寝ずに頑張っていたのを知っていますから、本当に合格した時は胴上げをしてくれました。私がしみじみと人の情けと温かみを味わった瞬間でした。

その後、先生とクラスの仲間がお店に飲みにきてくださり、話が大いに盛り上がったところで、

「よっしゃ、今日は私のおごり。新世界に行ってパアッとやりましょ」

ということになったのです。芸者さんを呼ぶわ、大いに飲むわで

当時のお金で六万円くらいだったと思います。昭和三十八年かそこいらの六万円ですから、私もずいぶん気前よく使ったものです。大学出の人の給料が二万円あったかないかの時代ですから、今のお金に換算しますと、五十万円ぐらいにはなるのと違いますやろか。

皆さん私が「おごる」という言葉を本気にしていなかったところを、私がポンと出したものだから驚かれたようです。

そしていわれた言葉が、

「あんた、女にしとくの、もったいないな！」

★　約束ごと

「約束よ！　きっといらしてね、また」

「おお、約束、約束。また来るわ」

よく、お客さんをお見送りする時の言葉のやり取りです。

今の時代、この約束という言葉のなんと軽いことでしょうか。

約束ってもっともっと重いものだということを、この頃の人たちは忘れてしまっているのではないでしょうか。

国を動かす人たちからして守らないのですから、我々の周りでもそうなるのは無理もありません。銀行しかり、大手の会社しかり、保険屋さんもそうです。

だから世の中が先行き不安になるのです。約束をきちんと守ることを国が率先してやったら、社会は落ち着きます。信頼が出来て、安心が生まれます。

約束って、昔は「掟《おきて》」というくらいに厳しいものでした。掟破りは周囲から外されます。ひどい時は、淀川にわが身が浮かんでいるかも知れないほどの制裁《せいさい》を受けて然るべきものだったのです。

まあ、これはちょっと時代が離れすぎている例えですが。

それほど、約束というものには、それをした人に責任があったものでした。

しかし、今の世の中、約束というものがあってないような時代ですから、約束手形なんていう紙切れは恐くて受け取れません。倒産して逃げられたり、破産宣告でもされたらお終いですから。

そんな大仰《おおぎょう》な約束よりも、私たちの身近なところでの約束というのがあります。約束事といってもいいでしょう。

その一つに時間があります。

「何時から出勤してね」といってもその時間に来たためしがない子が多いのです。

今日は少し遅らせてもらいます、休ませてもらいます、と自分の都合だけをいって平気で約束した時間を守りません。時間一つ守れないのですから、一時が万事だといえます。

時間の約束は計画性があるかないか、一日一日を有効に過ごしているかがすぐ分かります。

ただ、惰性でわがままで時間を過ごしていると、時間に追われることになりますから、やりくりつかなくなって、人に言い訳したり、嘘までつくようになるのです。

時間を守れないような女の子は、見ていますと、たいてい、いろいろなお店を転々として流れている子に多いのです。結局、約束破りで居づらくなって、自分から辞めていくのだと思います。

これは、私たちの社会だけでなくどこでもいえることなのでしょう。家庭でもそうですし、仲間うちでもそうです。

時間がきちんと守れる人は、約束も守ります。そういう訓練が普段から出来ているからでしょう。

「嘘」というのも約束破りの典型でしょう。私は嘘が大嫌いです。プライドを守るために、嘘をつく人がいますが、嘘をついてまで守るプライドってどれほどのものでしょう。嘘をつくことにプライドは傷つかないのでしょうか。

私はこの本のプロローグに、「おぜんざい」のことを書きました。あれも約束破りだったから、〝お伝さん〟のお叱りを受けたではありませんか。

そういえば、商品見本と嘘のことで思い出しました。これも嘘と約束破りの典型のような話で、お客様からお聞きした話です。

何年か前、その方は奥様とお友達ご夫妻とハワイに行かれたそうです。何日目かの夕方、奥様二人と少し離れて、男同士でワイキキの通りを歩いていると、すばらしい金髪美人が、

「オンナイラナイ」

といって声をかけてきたというのです。

「オン　ナイン　ライト？」

初めは何をいっているのか分からなかったのですが、よく聞いてみると、

「女いらない？」

といっていたのです。そこで後ろを指差して「ワイフ　ワイフ」というと、その金髪美人さんそそくさと去って行ったそうです。

この話を聞いた私が、

「まあ、惜しいことをしましたね」

というと、後日談があって、えらい目にあった人の話を聞かせてくれました。

その金髪美人の魅力に負けて、こんな美人は日本ではめったにお目にかかれない、そう思って、

「オケー　ハウマッチ」

交渉が成立して、美人の運転でとあるアパートに着き部屋まで案内されたそうです。気持がワクワクしていて、早速、美人にお金を渡すと、

「サンキュウ」

といって微笑むと、彼女は帰って行ってしまったそうです。

呆気《あっけ》に取られていると、隣りの部屋から、この世の者とは思えない、年齢も分からない大きな太った女が出てきて、地響きをたてて裸でベットに横たわり、

「カモン、ベイビー」

といったそうです。

すっかり怖気《おじけ》づいたその人は慌てて部屋から逃げ出したというではありませんか。

この話を聞いて、私はおかしいやら、自業自得とはいえ気の毒やら大笑いしてしまいました。

金髪美人は見本品だったのでしょうけど、ずいぶん罪な商売をするものです。しかし、こんな商売は長続きする訳がありません。また、男の方たちはいい教訓としてわが身の愚かさに気がつかなければいけませんな。そんなに上手い話はないと思わなくては。

私のように曲がったことが大嫌いな性格の人間は、どうも人様の商売でも、気になったら黙っておられない性分です。

梅田の「おぜんざい」エピソードとは別に、もう一つ私の武勇伝があります。

前の時も、実は私に連れがおりましたのですが、今度の時も同じ方で、昔からのお知り合いの方でした。その方はご高齢にもかかわらず、今も現役で元気に活躍されています。

私とはもうかれこれ何十年という心と心が繋がったお付き合いを

させてもらって、いろいろとご相談に乗っていただいたりしている方です。

私も本当に心を許してお付き合いをさせていただいておりますから、その方には私の武勇の現場を二度までも、「またかいな、〝お伝さん〟」と立ち合わせてしまい、申し訳なく思っているのですが、お許しください。

私たち二人が、梅田地下街の前回と違うとある喫茶店へ、お話をするために入った時のことです。私はクリームソーダーを注文して、改めてそのお値段を見ますと、六百円とあります。

私がよく行く上六《うえろく》の店では四百円です。その差の二百円はどんなんかいな、と楽しみに待っていましたら、なんの変哲もない上六と同じ品が出てきたのです。

またしても、〝お伝さん〟の理に合わないものに対する怒りが出てきてしまいました。その方はもう呆れて黙ってしまっていられます。

私は店長を呼ぶと、

「上六ではな、これにウエハースもついて四百円でっせ。場所が場所とはいえ、これは取り過ぎと違いますか」

とやったのです。

この店長なんと答えるかと思っていましたら、

「わかりました、それでは四百円で結構でございます。ありがとうございました」

というではありませんか。そしてやかましいことをいった私に深々と頭を下げたのです。この店長さん〝お伝さん〟の人物試験に合格したのです。

店というものは、経営者はどうしても自分の店のことだけに関心がいきがちです。

ところが、お客様というのは他の店のことも十分知っているのですから、お客様の声を蔑《ないがし》ろに聞いては決していけないのです。店の至らないところを指摘されたら、真剣に聞かなければなりません。情報は大事です。その情報を持ってきてくれるお客様はもっと大事です。お客の目は節穴ではないからです。

後日、また、そのお店に行ってみると、クリームソーダーの値段は四百円になっていて、店内は満員でした。

真剣に素直にお客様の声を聞き、それを反映させる店は嘘もつきませんし、経営が清潔ですから繁盛するということです。


「たかはし」を始めて三年が経ちました。

水商売は夜の仕事です。午後の六時から夜中の十二時まで、時にはお客様の雰囲気でそれを過ぎることもありました。

たった五坪のお店ですが、それはそれはよく繁盛していました。時代も良かったし、幸いお客様の客筋も良かったのでしょう。

私も脇目も振らずに働きました。

なにしろ、商売の面白さを知り、男と女の世界の摩訶《まか》不思議な世界が見られ、なによりも、いろいろな人との繋がりが出来て、人との輪が広がっていくのが楽しみでしたから。

そして私は昭和の三十八年に、「たかはし」開店三年目に「クラブ千寿」を開店させました。

自分でもよくぞ開店したと思います。しかも自力で。他人《ひと》はわずか三年で次の店を出せるくらいだから、よほど「たかはし」で儲けたか、誰かいいスポンサーでも付いたかと、人のお財布の中のことを、あれこれいいますが、決してそうではありません。

確かに「たかはし」は繁盛していましたし、それなりの儲けはありました。決してぼったくった商売をした覚えもありませんからご心配なく。そんな商売をしていたら、四十数年間この世界で商いなど出来ません。ですから、わずか三年でクラブを開けるお金が貯まる訳がないのです。

安く仕入れて高く売る、これは商いの正道です。でもその度が過ぎたら、お客を失うばかりか、仕入先からも嫌われてしまいます。利己主義はいけません。自分さえ良ければいいというのは、〝お伝さん〟の人生哲学にはありません。そんなことをしていたら、儲ける前に警察のご厄介になるに決まっています。

一度に儲けてやろうというのは、商売ではなくそれは博打です。商売はやはり地道にこつこつと、息長くやってこそ商売ですから。

それから、スポンサーの件ですが、これは前にお話したとおりです。私は男として働いていこうと決心した時から、男性のことはそういう関係では目に入らなくなっていたのです。ですから資金は全部自分で用意しなければなりませんでした。

私にこの世界の商売の面白さを教えてくれた、お客様も、女の子も、仕入先も、関わりある方全てのお陰といいましょうか、私に事業としての慾を持たせてくれたのは……。そういえると思います。どうせやるなら、精一杯努力して、商売を大きく展開したくなるのは私の性分から当然のことでした。商売の醍醐《だいごみ》味というものを知ったからでしょうか。

いつも夢を持って前向きに突き進む、これが〝お伝さん〟魂です。

さて、そうするにはどうするか。

私は勘当中で縁が切れていた母の言葉が思い出されました。もうこの頃は私にも心の余裕が出来ていたのでしょう。

また難関に立ち向かう時になって、母の言葉を思い出すのですから、母子の絆というのは不思議なものです。

まず、「頭を使いなさい」「計画性を持ちなさい」そして「筋道を立てて、真っ直ぐに、胸を張って歩きなさい」。

一つ一つ母の言葉を思い返しては心の中で噛み締めていました。

私は今が私の商売を大きくするチャンスだと思いました。チャンスは自分で見極めて自分の手で掴《つか》むものです。

次に資金です。「お金は天下の回りもの」というではありませんか。

そうだ、あの終戦時に「かつぎ屋」さんをやるきっかけになった考え、「有るところから、無いところに持ってくる」これだと思いました。お金が貯《た》まるのを待って、自力でなどと考えていたら、せっかくのチャンスを逃してしまいます。無ければ有るところから持ってくればいいのです。有るところといえば、私には「銀行」しか思いつきませんでした。

「借りる」というと借金するといって嫌う人もいますが、当たり前のこととして、「返す」ことをすればいいのです。きちんと約束を守って。

よく「返せば」と「ば」をつける人がいますが、これは「返せなかったら」ということを想定して借金をする人の言葉で、私は違います。

「返す」のです。なにがなんでも「借りたものは返す！」のです。

そこに意気込みの違いが出ますし、計画性が必要になるのです。

そのお金を返す計画をきっちりと立てられるかどうかが大事で、無理のないところで、約束が守れる計画を立てるのです。取らぬ狸の皮算用ではなく、一日の来店人数、売上げ、その中で返済金がいくらかを細かく計算して、実行できる数字を出すのです。

そして、返せないことは考えません。それを考えると、計画に狂いが出ますし、一番恐いのは自分を甘やかす元になります。言い訳にします。その言い訳の元は初めから作らなければいいのですから。

さあ、ではどこから借りるか、どこの銀行が貸してくれるか。どうやったら信用してもらって貸してもらえるか。私は頭を使いました。頭を使ったといって、決してペテンまがいのことを考えたのではありません。

商売としての正道をいったのです。信用しかありませんでした。一つ一つが母から教えられたとおりでした。

初めて私の心に、母への思いに「尊敬」という気持が加わっていました。

3　〝お伝さん〟の決断と勇気

★〝お伝さん〟の銀行交際術

私のクラブ「千寿」開店の気持は固まりました。あとは実行に移すだけです。経営の神様、三鬼陽之助先生がおっしゃった言葉の中に「何事も大きく事を実行する時は決断と勇気が必要である」とあります。常々、この言葉を心に刻み込んでいた私は、勇気を出して決断するのは今しかないと思いました。この時の決断と勇気がなかったら〝お伝さん〟の今日はなかったと思います。

私は銀行からお金を借りるために、まず始めたことは、私のお店を知ってもらうことでした。そして私という人間を知ってもらって「うん、この人なら大丈夫」という、信用をもらおうと考えたのです。それから〝お伝さん〟の奮闘《ふんとう》が始まります。

どれだけの信頼と信用を得るかということは、結局は人間関係です。それも清潔な、堂々として胸を張って、いつでも顔を合わせられて表通りを歩けるような信用をもらうことです。

そのためには一日一日の積み重ねが大事です。

そこで私は毎日九時頃には銀行に顔を出し、冷たいお水をいただいて、女の行員さんにいたるまで、一人一人顔を覚えて回りました。こちらが顔を覚えるのと同時に、相手にも覚えてもらうのです。私たちの商売は、いつもニコニコ現金払いが鉄則ですから、日銭が入ります。それを毎日集金に来てくれるのです。自転車に乗った若い行員さんが。

その時の銀行が今は残念なことになくなりましたが、梅田の曽根崎警察の前にあった福徳銀行だったのです。その当時はまだ確か無尽だったのではないかと記憶していますが。

あの当時は本当にゆったりしていて、行員さんとも心の通い合いがありました。今のように、誰もいない機械の前で、なんや悪いことしているみたいに、自分のお金を扱うのと違って、銀行さんも健全だったのと違いますか。

さあ、毎日顔を出して持ち前の大きな声で、

「おはようさん」

と挨拶していれば、

「あれ誰や？」

「たかはしのママさんやね」

「なんや、おかぁーんやないか」

と嫌でも顔を覚えてもらえます。そして頃合いを見計らって、お土産を持っていくのです。のど飴やら「御座候」という回転焼きのお菓子を持って、皆さんに配って回るのです。こういう心配りも大切です。そして「私の行きつけの支店」という印象を全ての行員さんに知ってもらうためには是非必要なことです。

そこはそれ人情の大阪ですから、すぐに皆さんと心安うなって、上層部の人からも「あれ、誰や」と覚えてもらえるようになり、

「一緒に、お茶でも飲んでいかへんか」

となるのです。そこで、

「一度、うちとこの店にも、いらしてください」

「そやな、一度、行かしてもらいまっさ」

と、こうなるんです。もちろんその間にも、せっせと貯金していきますから、徐々に信用がついていきました。

銀行とのお付き合いで大事なことは、誰がキーパーソンかを見極めることです。キーパーソンとは決定権を持っている人です。会社なら社長さんになるのでしょうが、地元の銀行ですと支店長さんです。何度もいいますが、銀行はお金を貸すことがお仕事です。その決済をするのが支店長さんですから、その方の信用を得ることを第一に考えることです。

しかしだからといって、下の人を疎《おろそ》かにしてはいけません。その若い行員さんだって、十年、二十年後にはどんなに偉くなってくるか分かりませんから。いま、「たかはし」によくいらっしゃるお客さんの銀行筋は、皆さん、この当時の集金を担当する若い方たちでした。足掛け三十年以上のお付き合いになる方ばかりです。

その頃私の貯金が三百万円ほど貯まったので、うちの担当の人が、「これ、どないしますか？」と聞いてきたのです。

さて、こう書いてくると、いかにも私が無借金でやってきたように見えますが、この私かて魔法使いやありませんから、「たかはし」開店の資金は、私の預金だけでなく親を保証人にして借りたお金を使わせてもらったのです。それがこの時に三百万ほど残っていました。

借金残が三百万円、貯金が三百万円行って来いですわ。普通でしたら、三百万円のうち、百五十万円を借金返済に当てて、残りの百五十万円を運転資金にと考えるでしょうが、それでは、百五十万円の借金が残った上に、使えるお金は百五十万円しかないことになります。

それならばいっそ、三百万円を返してしまって、新たに三百万円を借りた方が、借金は三百万円になっても、使えるお金も三百万円になるではありませんか。しかも、借りた借金は新しい借金ですから、また、一生懸命に「返す」努力をすればいいのです。

私の肝《きも》はその考えに据わりました。そこで担当の方に、

「一度、借金はゼロにさせてもらいます。全額お返しして、改めてお借りします」

と、いいましたところ、その担当さんは、

「潔《いさぎよ》いですね！」

といって、感心した顔を向けてきました。

正直、潔いのではなく私の戦術だったのです。そこをそう見せないように日頃から〝お伝さん〟を見せていましたし、愚図愚図《ぐずぐず》考えないで、一瞬に答えましたから、決断力があると見てくれたのでしょう。

これは後で聞いた話ですが、銀行というところは人を見る時の判断材料として、一番にお金の流れを見るそうです。そして何よりも

借入金を清算するお客を信用するといいます。ですから、半分返して半分残すなどというお客様はあまり成功した人は少ないと聞きました。

新しく借りた三百万円をきちんと返していけば、次に五百万円を借りることが出来ます。そして、八百万、一千万と増やしていけるのです。それが自分の信用の価値というものです。

なんの商売もそうですが、商売というものは地道が一番です。一気に儲けようと考える者は、よほどの流行物か、詐欺まがいの品物です。一つは流れに波がありますし、一つは犯罪ですから長続きしません。

大きく商売を発展させようとする時に、資金が必要なら、お金を貸すのが仕事の銀行と付き合えばいいのです。

ところが銀行は信用に金を貸します。人を見て判断します。信用の無い人には貸しません。それも商売としては正道です。

では、信用とはなんでしょうか。

私は約束を守ることだと思います。

前にも、時間の約束を守らない人のことを書きましたが、お金も同じです。約束は守ってこそ価値があるのです。

約束を守れない人は言い訳をします。そして出来ない約束を軽くします。約束は決して軽いものではありません。軽い約束だから平気で嘘もいえるのです。そのような軽い、なんの計画性もない約束をする人はすぐに破綻《はたん》するでしょう。

私は、借金を返す時は必ず、期日の二日前にはお金を口座に入れに行きました。しかも歩いてです。

もちろん余裕があった訳ではありません。お給料を支払って、仕入れの業者さんに払って、手元に残るのはわずかという日もありましたが、二日前には必ず返しに行きました。

それは、約束したからです。

信用をいただいたからです。その信頼を裏切るようなことをしては、母がいった、胸を張って歩けなくなるではありませんか。

ただでさえ、親不孝をして絶縁されているのに、これ以上の心配をかけたくなかったのです。親から教わったことの一つも実行できなくて、どうして「お母さん」と呼べるでしょうか。

★お金勘定はお金感情

よく人は「お金勘定」といいます。

「ママさん、お勘定、はいこれ、ごちそうさん、おいしかったで」

綺麗に払ってくれるお客さんは、とっても気持のいい方です。さぞ人間が出来ているのではないかと見ています。

ところが、

「はい勘定、なんでこんな値段なんやねん。少しくらい負けんかい。ちっぽけな店して、大きな顔さらすんでないで！」

こういう方は、顔色も悪く、どこぞ悪いんとちゃうか？　と思うほどです。きっと心が病んでいるのでしょう。

お金の周りには様々な感情がつきまとっています。

心の綺麗な方はお金にも綺麗です。逆に心が汚れていたり、余裕が無い方は、お金にも汚かったり余裕がなかったりします。

（これ本当でっせ）

「勘定が綺麗な人」というのは「感情」の持ちようが良くて、いつも坦々《たんたん》として、人間的にも魅力があります。

ところが「勘定払いの汚い人」というのは、もうお分かりですね。

そう、そういう方です。

だから、私は「金＝感情」とはよくぞいったと思っています。

昨今、銀行がつぶれたり、あっちの銀行とこっちの銀行がくっついたりと落ち着かない時代になっています。えっ、と思うような大きな銀行でも一行だけでは、やっていけなくなって、国から借りたお金も返せずに、国民の私たちの税金から借りてまで延命を計ろうとしています。

あれほど、人には厳しくしていたくせに、自分の足元はどないなっているねん、というのが正直腹の立つ思いです。それもこれも、私がお金を借りた当時のように、その人と事業を信用して、お互いに長い目で行く末を見つめた営業を忘れてしまったからやと思います。しょうもない不動産屋と組んで、土地みたいなアホなものに手を出して、自分の利益だけを考えていたから、天罰が下ったのでしょう。私に偉そうに応対していた、関西大手の老舗銀行もどないなったんでしょう。

私が「クラブ千寿」を開店しようとした時に、普段から預金をし、お付き合いさせていただいていた、梅田の一等地にある銀行に、私、お金借りに行ったんですわ。すると、そこの支店長さん、私を上から下まで見て、

「うちは、水商売の方にはお貸ししないことにしてるんです」

こうぬかしよったんや。

（誰や、〝おかぁーん〟押さえて、押さえてというてるのは？　何？私の血圧のこと心配してくれてんのか。よっしゃ、それなら、押さえたるわ。ありがとうな）

私は、ああここの支店長はあかんな！　と思いました。

上辺《うわべ》だけで人を判断するような銀行、どこにありますねん。

水商売のどこがいけないというんですか。水商売かて立派な営利事業やおませんか。その事業の先行きとか、その人間の内容も知らんと、よう上辺だけで門前払い食わしよったで、あの糞支店長は。

（何あんた、下向いてるん？　えっ？　ホンマかいな。あんたんとこやったん？　そら堪忍《かんにん》な）

そういうことがありましたんです。だから、今の世の中、私らを銀行が見る時代は終わって、私らお客が銀行を見る時代だといえるのと違いますか。そうでないと安心してお金預けられませんもんねえ。

4　大阪・女の南北戦争

私はこの商売はたとえ水商売でも立派な事業だと思って、四十数年間やってきました。

人を使い、仕入れ業者と交渉し採算の合う仕入れを行う。なによりも接待業という営業方針を私がきちんと決めて、その方針に基づいて利潤を上げていく。そして、安定した経営を継続させていくのですから、大手の会社となんら変わりがありません。

ただ違うところといえば、本社が五坪ということだけでしょうか。といっても私のとこは変な手形などは切りませんから、よっぽど健全な経営で、優良企業といっていいでしょう。

私は事業は正道のもとに行なわなければならないと思っています。つまり正々堂々とした商いです。お客さんに対しても、仕入先に対しても、そして従業員に対しても誰にでも同じです。

それはまた同業者に対しても、同じ苦労を知っている者同士として、協力し合うところは協力し合い、競い合うところは正々堂々と綺麗に競い合いたいと思ってやってきました。

ですから、どの世界の商売にも約束事があって、人が儲かっているからといって、すぐそれの真似をしたり、人が育てている人材を引き抜いたり、そして本業を忘れて、金に目が眩《くら》んで余計なことに手を出したりすることは、決してしてはならないことだと思ってきました。

それをすることは、掟破りというよりも、下品な商いだといえるからです。

この正道で商売を貫いてきた私に、本当に邪道《じゃどう》で挑《いど》んできた人が一人いました。

その方は、後に〝ミナミの女帝〟と称されて、巨額の詐欺事件で新聞紙上を賑わした方です。

私が「たかはし」を始めてしばらく経った頃、店は女の子も揃い、私の商売のやり方がお客様にも評判になって、店は繁盛していました。

そんなある日、店で一番の働き手の女の子二人がその日、時間になっても来ないのです。そして、次の日も……。

「どうしたのかなあ」

まだまだ素人ママの私でしたから、その子たちの身に何かなければと心配するばかりでした。

本人たちからも何も連絡はありません。

そして何日か経って、ある日、お客様の一人がこんなことをおっしゃったのです。

「あの子たち、ミナミの店で見たで」

「あらぁ、元気にしていました？」

「う、うーん、それがな……」

「どこのお店です？」

　お客様がいいにくそうに、とある一軒の店の名を挙げた途端、私はその名を聞いて絶句してしまいました。

　その店はかの有名な尾上縫さんがやっている店だったのです。

　私は、自分の迂闊《うかつ》さに気がつくのが遅かったのです。その子たちは尾上さんの店に引き抜かれていたのです。

「ミナミの女帝」という異名を取っている尾上さんに対し、私は新進気鋭の「キタのタカハシ」と呼ばれていたのです。

　こともあろうにその私の店の看板娘を、二人も黙って挨拶もなく引き抜くとは、これは明らかに私への挑戦だと思いました。

　この世界では、こういった引き抜きは日常茶飯事といっていいほどよくあることなのです。決して誉められたことではありませんが、それが現実でした。

　私はまず、敵のその眼力に敬意を表しました。さすが見ていると ころは見ていると。

でも、〝お伝さん〟魂が納得しません。正道ではないからです。私がその子たちを最初に見出し、「たかはし」流に育てたという、密《ひそ》かな誇りが傷つけられた思いがしてくると、次第に腹が立ってきました。

女帝と呼ばれている人のすることではない。人材は立派な財産なのだ。その他人の財産を黙って掠《かす》め取っておいて、しかも自分のお店で出しているなんて、この世界の風上にも置けない人だ、なにが女帝だ。見抜くものはそんなものではないでしょう。同じ見抜くなら、経営のやり方とか、人の育て方とか、この世界の先行きなんかを見抜け。それを盗んでいくというのならまだ分かる。自分が育てる力がないからといって、人が育てた者を持っていくなんて、それではまるでスイカ泥棒じゃあないか。

正直、そんな気持でした。

ああこの人は、今は女帝かもしれないが、決して経営者の器でない。こんなことをするようでは、今に大きな躓《つまず》きがきっとあると、私は見ていました。

よし、そっちが邪道でくるなら、こっちはあくまでも正道を貫いてみせる。最後にどっちが勝つか勝負してやろうじゃないか。

〝お伝さん〟魂が密かに尾上さんに宣戦布告を発したのでした。


バブルがはじけた平成三年八月十三日。

「尾上縫逮捕」の記事が新聞各紙に大きく報じられていました。

「大阪ミナミの料理店『恵川』経営者、尾上縫（六十一歳）は東洋信用金庫今里支店に総額三四二〇億円の架空預金証書を不正に発行させ、支店長と共に有印私文書偽造同行使で逮捕……」

私の予感は見事に当ったのです。

聞くところによると、尾上さんは愛人の土地を譲り受け、その金を元に株式投資を始めたのが昭和の六十一年頃。バブルが膨らみだした頃です。

翌年には買えば絶対に儲かると前評判のＮＴＴ株に手を出し、巨万の利益を稼ぎます。その頃、大阪の証券界、北浜中に「ＮＴＴ株で二十八億円儲けた、霊感占いの女性相場師がミナミにいる」という噂が駆け巡っていました。

そして、木津信用組合など多くの銀行を巻き込んで一七二五億円の株券詐欺の主犯として逮捕され、懲役十二年の実刑判決を受けたのです。

一千億円以上のお金なんかは、私には気の遠くなる金額です。でもやはり、正道を歩くことから外れた人は、最後には自分の首を絞める結果になったのです。

私とこの人との接点は顔も合わさず、口を利いたこともなく、後にも先にも、ほんの少しあの引き抜き事件があっただけです。

私は五歳年下の同じ世代、同業のこの人に、なんでもっと自分を大切に生きなかったのだろうか、と、女が一人生きることへの哀れみさえ感じました。

そしてつくづく、私は分不相応なことだけは、決してすまいと自分を戒めていたのです。

ある古い、私と尾上縫とのいきさつを知っているお客様がいった言葉が印象的でした。

「〝お伝さん〟最後は勝ったな、大阪女の南北戦争に！」

5　アサヒビールとの付き合い

私が持つ、商売の信条の一つ、「皆さんの助けがあって、『たかはし』は成り立っている」という意識は、今も変わりがありません。水商売で何よりも一番の売り物はお酒です。それもビールがダントツでした。皆さん、店に入ってきていうことは、

「ママ、まず、ビール」

です。まるでビール会社の宣伝文句のようですが、これは本当なんです。

開店当初、素人ママの私は、ビールの注ぎ方一つ知らなかったくらいですから、銘柄も知りませんし、会社の名も知りませんでした。よく、そんなことでこの商売をやってこられたと、自分の心臓の強さに今さらながら驚きます。

あの時代はそれでもやっていけたのです、社会全体がのんびりして、いい時代でしたから。

なんと私は店で出す酒の仕入れは、初め近所の酒屋さんから取っていたのです。一ケース、二ケースと。

そして半年が過ぎ、一年が過ぎますといろいろと覚えてきて、あちらの酒屋さんのほうがいいとか、どの銘柄が今、売れているとかが分かるようになったのです。確か麒麟麦酒《キリンビール》がよく売れていたと思います。

そんなある日、それは「クラブ千寿」だったでしょう、店を開けて間もなく、戸口がちょこっと開いて誰か二人の人が覗《のぞ》いたような気がしたのです。

そこで、ドアーのところまで行くと、二人の男の人が立っていました。

「どちらさん？」

「ママのところ、ビールはどこから取っているのでしょうか……？」

「ふん、それが……、今、迷っているの。お宅たちどちらさん？」

「アサヒビールですが……」

その人の言葉の訛《なま》りに私は懐かしいものを感じました。

もしかして東北の……。

「あなた、生まれはどこ？　あら、やっぱり。同じやわ、奇遇《きぐう》ね」

まだ素人の私でしたから、同じ故郷であることにもいたく感激して、その人に身近な人に対する言葉が自然と出てしまっていたのです。

その時は、もう営業時間に入っていたので、詳しい話は出来ずに、その人は、「改めてまいります」といって帰っていきました。

再度、その同郷の人が来た時は、すぐに取引をしてあげる契約が成立していました。

ですから私の店とアサヒビールさんとの付き合いは、もうかれこれ三十五年になるのです。

ところが業者さんの中には、最初の口開けの時は熱心なのですが、慣れてきて安定してくると、安心するのでしょうか。初心を忘れてしまう営業の方が多くいます。もう、この店はほっといても大丈夫とでも思うのでしょう。

私たちの商売にもいえることですが、常連さんになればなるほど、馴れと甘えがでるのです。心配りや細かいサービスが粗末になってきます。

この営業の人もそうでした。口開け当初は二日におかず、どうですか？　儲かってますか？　これ使うてください。サービス品ですよってにと、熱心に回ってきたのですが、そのうちに一年が過ぎ、三年が過ぎると、忙しいのは分かりますが、すっかり顔を見せなくなり、配達の人まかせになってしまったのです。配達の人では、私の営業方針やなんでアサヒビールなのかは理解出来ません。間違いなく時間どおりに届ければいいのですから。

ところが、こちらはビール会社の営業さんというのは、店が発展していくのには大事な情報源であるのです。今、どんな銘柄のもののがよく出ているか、どんな店作りが流行《はや》っているのか？　そして、この業界の景気は、場所は、大事な経営上の情報を聞きたいことは山ほどあるのです。それが経営者の経営努力なのですから。

そのこちらの気持を分からなかったり、疎《おろそ》かにするようでは営業マンとしては失格です。確かに、営業さんは自分の成績の数字が大事でしょう。一軒でも新しい取引先を開拓したいのは分かりますが、長続きしなくては、年中同じことの繰り返しになるのです。

「お客をなめんのも、いいかげんにせい！」

と、怒鳴りつけてやりたくても、電話にすら出ないのです。

私は同郷だからと思って、情けを出したことが悔やまれました。彼をそのことで甘えさせてしまったのでは？　と自分を反省しました。彼に気づいてほしかったのです。お客様を大事にすることを。

店というものはビールの銘柄を変えたからといって、お客様に影響するような店はないと思います。どんな銘柄のビールでも、美味しく飲める気分にさせることが出来るのですから。お酒は気分で飲むものと思います。

ところが、私の愛の鞭《むち》のメッセージを、その営業の人がよく理解できなかったことは哀しいことでした。営業の人にもいろいろな人がいることが、この素人ママにも段々《だんだん》と分かってきたのです。

今の「たかはし」は大阪万博が開かれた五年後に、新しいビルがここに出来たので、堂山町から移ってきたのです。ですからここで商売をしてから、すでに二十五年近くになります。

私も年をとりましたが、店も年をとりました。暗くして化粧をしていますから店も寄る年波は隠しています。私が好きなワインレッドは本当に飽きがこないいい色で、少しも変わってはいません。第一汚れが目立ちません。

この店を……私は自分の娘のように思っています。

そんなある晩、まだこちらに移って間もない頃ですから、二十年くらい前でしょうか。その頃にお店にきていたアサヒビールの営業マンは、見るからに人間が純真そうな人でした。

その営業の人は、人のいい笑顔を浮かべると、毎晩、熱心に通ってきます。

そして、こういったのです。

「私の会社にとっては、たとえ一本でも大事なお客さんだと思っています」

私はこの営業の人のこの言葉で、会社が誠実になった姿が一目で分かりました。この人がいった一言「一本でも大事なお客さん」という言葉が気に入りました。

熱心でした、この営業さんは。そしてずいぶんと店に尽くしてくれましたし情報は確かでした。

それからです。この会社の営業さんをはじめ、いろいろな方が来てくれるようになったのは。中には私が見定めたとおり、今では偉くなっている方もいます。そして皆さん、

「おかぁーさん、身体、無理せんといてくださいよ。身体が元手ですからな。無理したらあきませんで」

といって私を大事に思ってくれています。優しい人ばかりです。真心があります、会社にも人にも。

6 〝お伝さん〟の結婚顛末記

★〝お伝さん〟の結婚行進曲

ママさん業は本当に大変です。

私は「たかはし」と「クラブ千寿」を始めて間もない頃、毎日二ヵ所をかけ持ちして、いつもああ身体が二つ欲しいと切実に思っていました。

知らない人はクラブのママなんていうのは、綺麗な着物を着て、一番最後に店に入って、お客様に笑顔を振りまいて、悠々《ゆうゆう》としていればいいとお思いでしょうが、実際は大変な仕事なのです。

お店の看板であり経営者であるママは、経理や人事を把握しなければなりませんし、同業者との付き合いや、お客様への気配り、そして営業と一人で何役もこなすのですから身体が幾つあっても足りません。

時にはマネージャーにまかせて早めに店から帰ることがあっても、基本的には最後まで残っているのはママです。残れば残ったで、今日一日の出来事の報告を受けたり、お金の管理から伝票の整理、そして火元の確認から戸締りまでするのです。

だから例えば、午前の一時まで営業をしていれば、家に帰るのは早くても二時、三時。まして、私はお客様の送り迎えを自分が運転して、やっていましたから、日の出とともに帰ることだってあるのです。

この車で送り迎えをすることにしても、私の営業特許ともいうべきもので、大阪広しといえども、当時は私くらいではなかったでしょうか。私は営業の電話で、

「どうぞいらしてください、車でお迎えに行きますから」

と最初はやっていたのですが、そのうちに、

「今日何人で行くから、何時に迎えに来てくれ」

と先方から電話が入るようになってしまったのです。だから私は、

開店前から閉店後まで全く休まることがありませんでしたが、もっとも車の中と、その時間というのはとっても貴重で、お客様とは店の中では聴けないお話や、いろいろ個人的な情報が入りますから、とても大事なことでした。

★ プロポーズ

そんな頃でした、柿沢と知り合うようになったのは。

まさかこの人が将来、私の夫となろうとは夢にも思いませんでした。

それまでにも、私は、何度も男性からプロポーズを受けたことはあります。大阪瓦斯の青春時代にもありましたし、柘植の疎開時代にも、そしてこの世界に入ってからもありました。

もちろん、戦前は許婚《いいなずけ》がおりましたし、その人の戦死を知ってからは、一生涯独身で、男のようになって生きていこうという、堅い決意に変わりはありませんでしたから、男性とはそういう恋だの愛だのというご縁を持たないようにしていました。

そんな私がなんで、ということになるのですが、今振り返ると、私にもよく分かりません。

恐らく、商売を懸命にやって、やっと上手く流れ出した時の余裕の隙間に入り込んだ、縁結びの神様のいたずらか、母のたっての希望があったからなのか、はたまた魔が刺したのか分かりません。その結末の答えには、母への親孝行があった、ということが一番当たっていると思います。

それはさておき、柿沢は毎日のように私の前に現れるのです。開店と同時に、そして九時頃、閉店の十二時頃になると必ず店の中に来ているのです。嫌でもそんなお客様には私も気がつきます。あくまでも一人のお客様としてです。

そのうちに柿沢は私を誘うようになりました。

明らかに私よりも年下であることは知っていました。まだ若かった彼は、マスクも甘く、背は一メートル七十近くはあろうかスラッとしていて、その当時は結構格好は良かったのです。連日、オート三輪に乗って私の店に熱心に通い、私の関心を引いてきたのです。

ところで、あの当時のオート三輪ってどこに行ってしまったのでしょうかねえ。それのタクシーもあったように思いますが……。長いこと人間をやっていると、あれはなんだったんだろうという物が、ふと思い浮かびます。テレビの前に架けた青いスクリーンとか……。

いくら忙しい日が続いたからといっても、〝お伝さん〟もまだ女盛りでしたから、全く男性に興味がなかったわけではありません。

（だれ？　今いったの？　おかぁーん、女やめたんと違うか？　って。おだまり！）

ただし……、ただし男と遊ぶよりも商売のほうが楽しかったので、順位が下ということで……。それに母の言葉にあった「二兎を追う者は一兎をも得ず」の戒めが、いい気になりかけた時には、必ず私の頭の中を過《よぎ》りましたから。

そんな私も、彼といるとなんとなく楽しいと思うようになっていったのは事実です。

「二人でいると楽しい」という気持の通い合いは本当に大切ですね。お互いに、その楽しさの中に浸《ひた》っていると、心がゆったりとして、何もかもがプラス志向で考えられますし、もっとこの「楽しい時間」を大切にしたいと思うようになるのです。この「楽しさ」があるから、夫婦もお友達も、そして恋する人も長続きするのでしょうね。それは、そういう相手があってのことだからです。男も女もお互いに。

だから長続きしているご夫婦を拝見していると、お二人がとても楽しそうで、さぞかし、家庭も楽しいのだろうという、健全な家庭が目に浮かびます。

とにかく、商売だけで脇目も振らずに忙しかった私に、「楽しい」時間と日々が生まれました。それは私が、四十という歳を迎えるまで、ほとんど経験したことのない楽しさと、時の経過だったのです。店を終わってから彼と、一睡もせずにドライブに出かけたり、時には忙しい合間を縫って外で逢ったり。

何か、身体の中に新鮮な今までと違った気持が湧いてくると、張り合いというものにも影響してくるのですね。ますます商売にも熱が入ってくるから不思議でした。

それでも私としては、結婚などはすまいという気持に変わりはありませんでしたし、彼とは、自分の心の中に湧き出てくる感情のままに正直になって、あくまでも楽しいひと時を過ごせる相手として彼を見ていましたから、よもや、この私を彼が結婚の対象に選ぶとはゆめゆめ思ってもいませんでした。まして彼はこの私より一回りも歳が下でしたから。

彼のプロポーズを受け入れるまでに、何度も躊躇《ためらい》があったのは事実です。

母のところに彼が私に黙って結納金のようなものを持っていったのです。親から攻めてきたのです。

私にその結納金を見せながら、母はこういうのです。

「智弥子、女というものは一度は嫁に行くものです。嫁にもいけない娘を持った親の気持が分かりますか。

あなたの生き方はよく知っています。

お母さんが選んできた婚約者に嫁ぐ夢を持たして、その人を戦争で失ったあなたに、嫁に行けという親の勝手も十分承知しています。

あなたの幸せを願う私の気持も汲んで、三日で帰ってきてもいいから、一度は嫁に行く姿を私に見せておくれ。

それに、女が一人でお金を持っていたら、あまりいいことはありません。どんな悪い人が寄ってこないとも限りません」

私は涙ながらに哀願する母の気持を汲みました。今まで、散々親に心配ばかりかけてきたのだから、親孝行のつもりで、彼の求婚を受けてもよいかと思ったのです。

とうとう私は彼のプロポーズを受け入れたのです。

昭和三十九年、〝お伝ちゃん〟三十九歳にして、再びの春が来ていました。

新居は生駒山の麓に構えました。

★　新妻奮闘記

新婚生活？　そんなに甘いものではありませんでした。

私は二つの店を続けていましたから、仕事は前のとおりで減った訳ではありません。むしろ主婦業が加わり、夫の世話という家事が増えましたので、寝られる時間がますます減って、大変でした。

しかも夫は建築関係の仕事をしていて、自分の会社を作りたいといっていましたから、その準備にも私が走り回らなくてはなりません。

ですから、朝起きて、食事の仕度をして毎朝お弁当を作り、夫を門から送り出します。その大童《おおわらわ》の時間が過ぎると、すぐにお店の仕事です。伝票の整理やら請求書を発送して、休む暇など少しもありませんでした。さてお客様を迎えにいくといっても、住まいは生駒です。梅田まで車で小一時間はかかりますから、まるでお山下りです。しかも夫の会社を作る準備は昼しか出来ないときているのです。

本当に八面六臂《はちめんろっぴ》の状態で、自分でもよくやったと思います。

いつでしたかアメリカのオリンピックで銅メダルを取った女子選手が、「自分を誉めてやりたい」といっていましたが、全くそのとおりの状態でした。

お店に出れば出たで、相変わらず経営者としての仕事に追われ、もう寝ている時間はほとんどありません。ほっとするのは日曜の晩だけという日がずうっと続いていたのです。

それが出来たのも、病弱だった子供の頃の私を、しっかりと鍛えなおしておいてくれた母のお陰なのでしょう。また母に感謝することが増えました。

夫の会社を作る準備に奔走する日々があったのもこの頃です。

彼は気取り屋のようなええ格好しいの一面があるのでしょうか、事業を形から整えて見せよう思っているようで、事務所を借りて、会社を創設して、一気に派手にやりたがりました。私はそんな外見だけを立派に見せる必要はないという考えだったのです。どんな事業でも最初から大金をかけて、外側だけを立派に見せてもそれで上手くいく訳がありません。お金に余裕がある人はそれでいいでしょうが、いくら二つの商売で繁盛しているからといって、私にはそんな余裕はありませんでした。

私の事業に対する考えは、どんな事業でも、真面目に足元を見つめながら、一歩一歩、そしてこつこつと初めは小規模であってもいいというのが、経験上の考えでした。

しかし夫は違うのです。彼のやり方を聞きますと、まるで砂の上に城を築くようなもので、「……としたら」とか「……だったら……」という、確実性のない上の計画でした。

私は何度も、

「商売というものは、格好じゃないのよ、地道な努力が必要なのよ」

といいましたが、もう自分の会社が持てると舞い上がっている夫は、

「男が、やる以上、最初が肝心だ」

とか訳の分からないことをいって、話はいつも平行線でした。しかし、資金は全額私が出すのですから、私の意見が通るのは当然でしょう。

私もいくら夫から望まれたからといえ、自分で一旦決めた結婚でしたから、とことん尽くすつもりで夫を支えようとしました。

これが昔気質の女の浅はかさとでもいいましょうか。賢い女の愚かな選択といいましょうか。今の人なら、このずれを敏感に感じ取って、

「私、あなたについていけないわ」

と、さっさと別れていたでしょう。

しかし、私たちの世代の結婚観は、一緒になったら最後まで連れ添うのが当たり前、という考えで教育されてきましたから、なんとかこの人が、事業の大変さを分かってくれる時が来ると思って、その時は別れる気など毛頭、ありませんでした。

幸い、「クラブ千寿」は二階があって、電話も机も揃っていました

から、私はここを無駄にしておく手はないと思い、事務所を堂山町の「クラブ千寿」の上に設けたのです。昼間は誰もいないのですから、家賃はかからず、事務所にはうってつけの場所です。そしてクラブの表の入り口に柿沢建築という看板を掲げました。これは正しい選択だったと思っています。

夫の柿沢建築の仕事は、以前から大手の建設会社に出入りしていましたから、結構仕事もあり順調でした。そのうちに、事務員を置く余裕も出てきましたから、いつまでもクラブの二階ではと思い、ちゃんとした事務所がいいと、私も思いました。いかんせん、まだその資金が出来るほどではないのです。何も実績のない夫の名前でお金を貸してくれるほど、銀行は甘くはありません。私なら、確かな実績を積んできていましたし、「なにがなんでも返す」主義でやってきましたので、堅い人だという信用はありました。

その信用で夫の資金作りに協力して、どうにか会社を東大阪に立ち上げたのです。それは夫の気持を汲《く》んで、思うようにさせてあげたいというものが私の中にあったからでしょう。

この資金を借りる時の私の心境は複雑でした。それまで積み上げてきた私の信用全てを賭けたのですから。

もし失敗すれば、これまでの苦労が水の泡と消えてしまうのです。一度失った信用を回復すのはそれは長い年月と血の出るような苦労が伴います。

だから、信用を失わないように血が滲むような努力をすればいいのですが、何事もない時というのは、人は安心するのか、つい努力を怠りがちになりますね。

母がよくいっていました、「転ばぬ先の杖」って。

しかし、妻ってつくづく弱いなあと思いました。

私に子供はいませんから分かりませんでしたが、あれほど厳しい母が弟には、私などから見たら「なんで？」と思うほど、優しいというか、わかっていて騙《だま》されてやっている甘さがあったのです。その母のような気持になるのです、夫にも。歳も一回りも私が上でしたから。姉のような母のような愛というか、心模様なんですね。

ですから結婚した当初から、この会社を興した頃もそうですが、あちこちに美味しいものがあれば連れて行ったり、夕食に家で作るものにしても品数多く、相当、贅沢な思いをさせてきたのです。

夫は一応大学を出ていましたが、収入は私のほうがはるかに上です。年下の男の人というのは、どことなく頼りない反面、それがまた…………、止《や》めときましょう。自分でもアホらしくなります。

それと、私には夫に負い目みたいなものが一つあったのです。

えっ？　歳のことですか？　それはないといえばなくもないですが、そんなことは結婚する前からお互いに分かっていたことです。

何も途中で私が追い抜いたわけではありませんし、それほど負い目には思っていなかったんです。

実は私、結婚したら仕事を辞《や》めるというて約束していたんです。

ところが夫の収入だけで、二人の生活は、よう出来ませんでした。

現実問題として。それに商売始めてからその面白さが分かり始め、一番、脂の乗っている時でしたから、簡単には辞められませんでした。

こうして東大阪の借地に、二階建てのプレハブの建物に事務所をおき、トラックも置ける駐車場を備《そな》えて、夫の会社は順調な滑り出しを見せたのです。

しかし、まだ若かった夫を社長に据《す》えたのは、結果的には失敗だったのです。

さあ、そうなると私も大変です。毎日のように自宅の生駒山麓から梅田の店まで往復するのですから、相当身体がしんどくなって、そこで私も店の側にマンションを借りて、遅くなった時とか、身体がきつい時はそのマンションで寝ることにしたのです。もちろん、一人ですよ。こう見えても〝お伝さん〟堅いのです、身持ちが。

今考えると、私は夫となる人には最高の奥さんだったのではないでしょうか。夫の世話に手を抜いたことは一度もありません。そんなことは戦前生まれの、しかも母からしっかりと躾《しつけ》を受けた私たちには当然のことで、自慢できるようなことではありません。

戦前の女性たちは、夫に尽くすのが正しい、それが全てと教えられてきました。

私が最高の奥さんといえるのは、収入が良くて、贅沢はさせてくれる、会社は作ってくれる、おまけに時々泊まってきてくれる。

（そう、あなたが思うように、皆さんいいますわ！　なんでワシを選んでくれなかったんや！　ワシならそんな、ええ思いさせてくれるなら、今でもいいで！　って。〝馬鹿もん！〟）

だから夫にとって私は非常に甘い女房に見えたのかもしれません。

お話したように、生駒の家にいて、会社が梅田にあった時は、私は普段夜は家にいません。ところが、東大阪に会社が移ると、社長の椅子に座った夫は、次第に自信がついてきたのでしょうか、だんだん私に対して横柄な態度を見せ、高圧的になってきたのです。それでも最初は、私が仕事をしていることで、多少なりとも寂しい思いをさせていると思って、少々の夜遊びにも、そんな態度にも目をつぶってきたのです。

★　すれ違い夫婦

人が歩む道というものは決して真っ直ぐな道ではありません。どんなに平穏に暮らしてきた人でも、多少の紆余曲折《うよきょくせつ》はあるものです。

中にはどうなってしまったか分からなくなるほど、曲がりすぎて、道に迷ってしまっている人もいます。

その長い道程《みちのり》の中で、必ず一度や二度は岐路《きろ》に立って、自分でどちらに進むか選ばなくてはならない時があるのです。

私が夫と結婚するかどうかを考えていた時もそうでした。

私の岐路は三叉路になっていて、三つの道がありました。結婚と同時に仕事を辞める道。結婚しても仕事を続ける道。そして結婚はしない道、と。他にもあったと思うのですが、その時にはこの三つの道しか私には見えませんでした。

そして私が歩み始めた道は、仕事を辞める道でした。

さあ、道を歩き始めてすぐに、私はこの道では二人が暮らしていけないと気づき、すぐに引き返して、もう一つの道、仕事を続ける道を選んだのです。

現実に即した道を歩くのが、私の生きていく歩き方だったからです。

しかし、夫との約束は約束です。約束違反したのは私の考えの至らなさで、目の前にさし出された幸せの虚像に目が眩んだのかもしれません、そして夫の力を過信したのでしょう。ともあれ約束を果たせなかった償《つぐな》いではないのですが、私は仕事を辞めたと同じような努力をして見せたのです。ですから夫も会社を興せたし、贅沢《ぜいたく》をしながらも家庭生活は維持できたし、先行きに希望も夢も持てたのです。

この私の気持がどうも、夫には通じなかったようです。

最初の頃は、「遊びに行ってきていいかな?」と殊勝《しゅしょう》に聞いてもくれていましたが、私の理解に慣れてくると、次第にそれが当然というように変わってきたのです。多少の甘えでしたら、私の豊かな胸の内に包み込んでいてあげられたのですが、そして、ほどほどという弁《わき》え《ま》を持って、私を大切に思ってくれる心が、嘘でもいいから見せていてくれたら、と今は思いますが、もう時間が経ってしまった、埋もれた記憶の残骸《ざんがい》の中のことですから、それは考えないことにしています。忘却のかなたのことを、掘り起こしても始まりませんし、私の流儀ではありませんから。

★ 結婚の破綻《はたん》の扉《とびら》

昭和五十三年。私は思い切って「クラブ千寿」を閉めることにしました。どうしても二つの店を維持していくことに身体がついていかないのです。

私もこの商売を始めてから、もう十八年になっていました。その頃はあれほど勢いよく上り調子だった日本の景気にも翳《かげ》りが見え始めていたので、撤退するにはいい時期だったのかもしれません。

お客様の中には、クラブを閉じることを残念がって、いろいろアドバイスをしてくれたりしましたが、そこは日々の動きと、時の流れを見極めることにかけては私のほうが上でした。勉強もしていましたし、動物的勘とでもいいましょうか、結論は閉店でした。時代の勢いを反映して、来店数も減っていたのも事実です。

経営者というのは決断が大切です。引き上げたり、閉鎖する勇気が必要です。

三鬼陽之助先生が『決断と勇気』という書物の対談の中で、「負《マイナス》の決断をすることは決して恥ずかしいことでも、みっともないことでもない。先を見極めてそれが最善の方法であれば、それを人は勇断という。勇断とは勇気を以ってする決断である」とおっしゃっていたのを読んだことがあります。

私の気性に合った大好きな言葉になりました。

「うじうじせんと、はっきりせい」ということでしょうか。

撤退に理解あるお客様で、山登りが好きな方がいらっしゃいまして、「おかぁーん。早く決めてよかったなあ。時機を逸《いっ》すると、進むも退くも出来ずに、泥沼にはまり込むで。さすがや！　キタの『たかはし』のママは、決断が早い」

「そんな、あまりおだてんといてください。たくさんの女の子たちを抱えていると、その子たちの生活も考えんといけませんやろ。経営者として。無責任なこと、私、ようしませんもん」

「そこがまた偉い。リーダーというのは、そうでなくちゃな」

その方の話では、雪山の中で、天候の変化を前にして、進むか戻るかという時に、リーダーの自分は戻ろうと決めていたが、他の者の意見に惑わされて、進んでしまったところ遭難したそうです。

幸い無事救助されたから良かったが、あの時なぜ、恥ずかしくても、弱いと非難されてもいいから、もっと決断をはっきりいう勇気を持たなかったんだろうと、今でも後悔しているそうです。

ある外科のお医者様が、やはり、私の意見に賛成してくれました。

「うん、いいね、早く切るほうが。膿《うみ》が回らないうちに！」

それはあっさりといってくれました。
こうして私には時間的余裕が生まれました。
〝お伝さん〟も、ここらでちょっとひと休みというところでした。

★ 砂上の楼閣の主

私はわが目を疑いました。信じられない光景を目の当たりにして。クラブを閉じて、時間に余裕が出来た私は、ある日、東大阪八尾にある夫の会社を訪ねたのです。

夫がいました、昼なのに。営業に出ている時間のはずです。社長然として椅子にふんぞり返って。聞きますと電話を待っているというのです。言い訳だということはすぐに分かりました。何か私がいたら不都合なように私を事務所の外に誘い出そうとするのです。

またある日、今度は呆れました。いびきをかいて寝ているのです。

事業をやってきた先輩として、また妻としてそのような夫の姿は見たくもありません。

私は商売というものを真剣に考え、どうすれば今日より明日、明日より明後日と、日々の進歩を考えて、利益を上げることが商売の鉄則だと思っていました。私はそれに従って努力してきた人間です。そんな私から見ると、夫の姿は怠惰《たいだ》そのものでした。怠惰は自分を甘やかすことから生まれてきます。この人は、人に甘えるばかりか、自分をも甘やかせ始めたのか！　と思うと情けなくなりました。若いとか、一時のこととかいう言い訳は通りません。性根の問題なのですから。

それからというもの、目が合うと言い争いの日々です。

私としては、確かにものの言い方はきついかもしれませんが、言い争うつもりはありません。なんの解決にもなりませんから。

それよりも、人の意見を聞いて、素直に受け入れてくれて、では、これからどうするか、前を向いた話をしてほしかったのです。

しかし、その答えは出ませんでした。

夫は自分のプライドを守るために、話をすれば、言葉尻を捉え、真剣に意見をいうとはぐらかし、問題を追及するととぼける始末です。何か、自分の中の負い目を必死になって、隠そう見せまいとするかのように。

そして最後は言い争いになります。

お互いのマイナスを責め合います。そんなエネルギーは私には残っていなかったにもかかわらず、私は涙を流して夫を諫《いさ》めました。しかし、夫は聞く耳を持とうとしません。我執《がしゅう》の虜《とりこ》になってしまっているのです。

私は情けなくなってきました。

この人と自分は同質なのだろうか。惹《ひ》かれ合って過ごした時間があるのだから、同質なんだろう。でも、こんな人と私が同質だなんて、と思うと自分が哀れになります。母に申し訳が立たなくなります。

私は、もう言葉を失って、沈黙の檻《おり》の中に閉《と》じ籠《こも》るしかありませんでした。

私の沈黙をいいことに、夫はますます頭《ず》に上ります。つけ上がった態度に耐えかねて、私が一言いおうものなら、ついに暴力を私に向けてきたのです。

整然とした理論といわないまでも、理屈に合わない言葉での押し通しなら許せます。まだそこには悪感情であっても、感情の温もりが通っているからです。

しかし、暴力は力で相手のいうことを押さえつけようとする行為ですから、温かみもなければ心の通い合いもない、ただ冷たいだけの力の強さの誇示《こじ》しかありません。

戦争という国と国の暴力で、肉親を奪われ塗炭《とたん》の苦しみを舐《な》めてきた私たち戦前生まれの、しかも女の私にとって、これは絶対に許せる行為ではなかったのです。こんな暴力を許していたら、またこの国は、戦争という力に頼る者たちの国になってしまう、それが私の怒りでした。

男と女、力の差は歴然としています。それを省《かえり》みないで暴力で事を納めようとする夫は、男の風上にも置けないと思いました。それが事業にも出ているのでしょう。現状が分からずに掴《つか》めない。

こんな人が事業をやって上手くいく訳がありません。最後はどんな非人間的な暴力を使うというのでしょう。

それでも私は耐えました。母が哀しむ顔を見たくなかったからです。ただそれだけで必死に耐えました。

私が耐える姿に、なにかと同情して助けてくださった方はたくさんいました。そのような方々が、いろいろと励ましてくださったのでなんとか辛抱できたのだと思います。

しかしとうとう、私の堪忍袋の緒が切れる時が来たのです。

離婚する決意を胸に秘めた時、なぜか私は遠く離れて住む、老いた母に手を合わせて詫《わ》びていました。震えながら泣いていました。

7　〃お伝さん〃の離婚狂想曲

★　母との別れ

母が亡くなる前の晩のことです。

私は、どことなく心の中に何か重いものが押し被《かぶ》さって、なんとも言いようのない不安に捉《とら》われていました。居ても立ってもいられない気持の中には、私が一週間前に会った、あの母の白装束の姿がありありと浮かんでいます。

「もしかして……、お母さんに、何か……」

思わず口から出た私の不安な気持です。

ところが、側にいる夫は私の不安を気遣おうともしないで、知らん顔をしています。何度目かの私の呟《つぶや》きを聞いた夫は、

「そない、愚図愚図いうのやったら、さっさと行ってきたらええやんか。けどな、こないに遅い時間に電車はないで！　車かてよう出

さんわ！　どないして行くというねん！」

なんと冷たい言葉でしょう。

私は唖然《あぜん》としてしまいました。十年も連れ添ってきた妻の、母を気遣う気持が分からないとは。腹が立ってきました。この人はこういう人だったのか、もう一緒にやっていけない、そうはっきりと心の中で思っていました。

まんじりともせず夜を明かした次の日、食事をとっているところに一本の電話が鳴りました。重い空気を切り裂くように電話のベルが鳴っています。

「おい、えらいこっちゃ！　お義母《かあ》さんが……」

電話をとった夫が、

「しまった！」

夫は驚愕《きょうがく》して受話器を取り落とし、絶句しています。私は夫とすぐに家を飛び出していました。なんでこちらから電話をしてあげなかったのだろう。母の家への道すがら、何度も後悔が巡ってきます。

「そうか、お前が愚図愚図いうてたんは、お義母さんがお前のとこ、来てたんか」

夫の言葉に、今さらいうても遅いわい、と思いながら、後の祭りになってしまった母に私は逢いに行きました。

昭和五十年二月九日、午前十一時五十分、母が八十五歳の生涯を閉じた時です。

私は母の死に目にも会えませんでした。

でも……後悔はしていません。あの一週間前に、母は私にきちんと別れの時を持ってくれたのです。母娘二人だけの別れの時を。

夫が浮気性だということは、結婚する前から分かっていました。女の子と歩いているところを見つけて、梅田の商店街で大喧嘩になったこともありました。

ですから、多少のことは私も覚悟をしていたのですが、それが、仕事にまで支障をきたすようでは、この〝お伝さん〟かて黙って見過ごしてはおけません。

クラブを閉めて、余裕が出来た私に、夫の会社を見る時間が出来たのです。すると、夫は仕事中でも抜け出して居所が知れなくなることがありますし、連休前になると、ワイシャツや下着まで持ち出して、家に帰らないことがあるようになりました。そんな時に限って、仕事上の問題は起こるのです。信用をなくした夫の会社は傾きだしました。当然です。そんな経営者の会社が長続きするわけがありません。

私は怒りました。商売にまでも影響が出る浮気を誰が許した、ということです。

夫の答えは「それがどうした」という態度です。

私は身体が震えてくるのを押さえるのがやっとでした。そしてさらに夫が言った言葉が、

「お前だって、何しているか分かりゃしない」

です。

浮気性の人は嫉妬深いもので、誰もが自分と同じだと考えるのでしょう。まさに夫はそういう男でした。なにをか謂わんやです。

この時も、夫が「悪かった、これからは心を入れ替えて頑張る」とでもいってくれたら……。それを望むほうが無理でした。夫は自分の甘えの体質の中に、どっぷりと浸《ひた》りきっていましたから。

我慢の限界が来ていた私は、ついに、夫を家から追い出しました。私の家です、生駒の家は。

それでも、その時、私の別れる気持はホンマもんとは違っていただろうと思います。夫が、私がなぜ怒っているかの本当の意味を分かってくれればと、詫びてくるのを待ったのです。

夫の浮気相手はどうやら不特定多数でなく、ある一人の女だと分かってきました。行くホテルもいつも同じ、というズボラな性格がそこにも出ていて、すぐに見破られてしまうのを本人は気づいているのかいないのか。

ある日、夫が「わし、家を買うてん」というではありませんか。会社に近いところに買ったというのです。

まだその時は妻だった私にもプライドがあります。

「ほんなら、私もそっちに住むわ」

といって私は、生駒の家から家財道具一式を運び込んでやりました。浮気相手の女と住むつもりだったのかもしれません。仕方なく外で逢わなければならなくなった夫は、前にも増して浮気を深めていったのです。

★ 浮気考

いつから、夫が浮気を始めたのか私には分かりません。多少の浮気は仕方ないという気持が私の中にあったことも事実です。

でも、正直いって気持のいいものではありません。他の女と夫が……と考えて、冷静でいられる妻がどこにいるでしょう。

中には私に分からないようにしていてくれたら、というご夫人もいますが、その考えは、自分の気持だけを考えた感情論で、あまり感心出来ません。嫉妬とか不潔とかいうだけの問題ではなく、お互い人間同士として、相手の人間性、尊厳を傷つけているのですから。それも大事な連れ合いの。

そして多くの浮気をした男どもが、バレた時の台詞《せりふ》に「出来心」というのがあります。「出来心」だから許してもらえるとでも思っていると大間違いで、妻はそんなに甘くはありません。

私も商売柄、男の人の立場に立って「浮気と遊び」には理解を示しているつもりでした。

嫉妬深い奥さんなら、夫のポケットに女の子の名刺や店のマッチが入っていただけでヒステリーを起こします。

しかし、「女房妬《や》くほど亭主もてもせず」というではありませんか。さらに、夫が若い会社の女の子と一緒に出張するとでも聞けば、奥様方は想像たくましく、夫の不行状を決めつけてしまうものです。

私たちの商売でも同伴出勤というのがあります。

これはこの世界の女の子たちには立派な営業努力なのです。店が閉まってから、カラオケに歌いに行くのもそうです。この程度で奥さんがうるさくいうようでは、ご亭主が少しかわいそうな気がしないでもありません。

店の女の子たちも仕事ですから、甘い言葉の一つもいいます、しなを作った態度もします。それを、お客様も十分承知の上のことで、その場限りということで、相手として付き合うから遊びで済みます。

要は分相応を弁《わきま》えているかどうかということです。

自分の今の実力、立場、経済力、人間としての修養の度合いを、自分で十分に分かっているところに〝分《ぶん》〟があるならば、それに見合った遊びをするのが分相応で無難です。それを忘れて仕事も手がつかず、女の子にのめり込むのが〝浮気〟、まさに浮わついた気持なのです。

ですから、問題なのは気持と身体です。

自分が大切に思う人の気持を考えて、例え嫉妬深い人であっても、その人が嫌だということをするのは、その人を大切に思っていない行為で、浮気といわれても仕方がありません。

特に自分以外の女と身体の関係を持つということは、女の人にとっては不潔以外の何ものでもないのです。

ほかのどんな男の人と交わったかもわからない女を抱いたその身体、その手で私の身体を……と思うだけで、その男に抱かれることに我慢が出来ないのです。

性的な欲求を満たす道具としてしか、私のことを見ていないということではありませんか。

夫婦の夜の営みというものは、確かに快楽を求め合う行為かもしれません。それは、自分たちの人格のすべてを出し合い許し合って、慈しみ合ってする行為なだけに、清潔であって然るべきものだと私は思うのです。その結果、行き着くところに本当の満足感というか、悦楽があるのでしょう。だから夫婦なのです。

ですから、一番大切に思う、相手を思い遣《や》る優しい心が欠けていたら、それは浮気というよりも、人間的に欠けているといえるのではないでしょうか。

私の夫は私の気持を無視しました。そればかりか、心の傷をえぐるように、浮気をあからさまにして、しかも仕事にまで悪影響を及ぼしていたのです。

夫との確執の中で、私はなんとか夫婦の間を修復する道を探りました。私は商売の上でも、それに年も上でしたので、夫の甘えの性格を直せば一人前の事業家になると、そのためには私がなんとしてでも支えていこうと思っていたのです。

いつから、こんなすれ違いの二人になってしまったのだろうと思い返すことがありました。

私と夫との間に最初に溝が出来たのは、まだ、会社が堂山町のクラブの二階あった頃だったと思います。

会社を興して一年も経たない頃、夫が一人の男と知り合いになりました。その人は富山の薬売りから身を起こして、八尾で大きな地主となった人です。夫よりは相当年上の人で、そういう人のいいそうなことを夫は吹き込まれたのです。

「夫婦は一体や、女房の財産は、あんたのもの」

冗談ではありません。女房が作った財産は女房のものです。結婚する前から、私が誰の助けも借りずに築きあげたものです。当然です。何も分からない人のいいそうなことです。その言葉に乗る夫も夫で、私の財産を当てにした夫は、その人の土地を借りて建物を立て、事務所を移転するといいだしたのです。そしてさっさと話を進めています。

私は猛反対をしました。

私という人間の頭ごなしに話を進められて、私が黙っていられますか。夫婦であって、共同経営者、会社に関する資金は私が保証人になって銀行から借りているのです。その時の夫の台詞《せりふ》は、

「黙っとれ！　ワシがやってんのや！」

です。

この言葉は私が仕事のことで諫《いさ》めるたびに夫の口から出るように

なりました。

そして浮気、遊び、暴力、母の死があって、次第に私の夫に対する気持は離れていったのです。

決定的な夫の言動が私をがっかりさせ、別れる決心の後押しをすることになりました。

ある年の正月、東住吉にある夫の実家に遊びに行った日でした。兄弟が多く、男の末っ子の夫にはたくさんの兄がいます。

その日、私がトイレに入っているのを知らずに、その前で義兄と夫が話をしています。

「どうや、うまくいってるんか？」

「まあ、まあ、どうにか……」

「歳も一回りも違うから、これから、年とって、婆さんになるの、あの人も。具合悪いんとちゃうか？」

その話が続いています。

私はトイレの中で、

「なにいうてるねん。自分かて歳とっていくやないか。今頃そないなことというて、どないせいというんじゃ。アホ」

と思うと同時に、私の母に三拝九拝して、一緒にならせてくれといってきた夫が、義兄の失礼な言葉になんの反発もしないで、黙って聞いている不甲斐なさに、ほとほと愛想がつきてしまいました。

トイレから出た私に、夫はびっくりしたような顔をして、

「なんや、おったんかいな。聞いていたんか。まあ、気にすんな、気にすんな！」

というではありませんか。今さら何をいっているん。妻を侮辱されて黙っていたということが、この人には何も分かっていない。こんな根性なしは、もう駄目や！　というのが私の結論でした。

★ 戦闘開始

昭和五十九年、二十年間の結婚に終止符を打つために、私の頭はゆっくりと回り始めました。

私の夫に対する心は完全に離れていたのです。それでも夫は私の気持の変化を知りませんでした。

昔から「女、三界に家なし」という言葉があります。

これは、女は生まれてから親に従い、嫁げば夫に従い、老いては子に従うといって、女が生きていく上で自分の考えは主張せずに、黙って従っていくものだということなのでした。

服従することが美徳という考えが、女の生き方には一般的だった時代でした。

ですからたとえ、嫁ぎ先がひどい家だったり、亭主がお粗末な人でも、女のほうから「別れてくれ」などとはいえませんでしたし、もしいったとしても、「駄目だ！」という男の一言でそれまでだったようです。

ですから、鎌倉に東慶寺といって、無理難題の夫の家から逃げ出して駆け込むお寺などがありました。この寺の門を一歩でも入ったら、逃げ込んだ者に夫の側は手出し出来ません。だから世の女房族は最後の手段としてここに駆け込みました。ここに駆け込まれたほうは、裁定などがあってやっかいですから、離縁状を書くはめになります。これが、有名な三行半という離縁状です。わずかに三行と半で書かれた男から出す離婚承認証みたいなもので、女性はこれで再婚も出来たそうです。

しかし、離婚というものは、これを成立させようとすると、なかなかに厄介なものでした。

まず私は、何かまだ修復の手立てがあるのではないかと思い、家庭裁判所の相談窓口に行ってみました。私の話を聞いた係りの人は、よくこれまで辛抱してきたという顔をして、こういい切りました。

「これは駄目でしょう。弁護士さんに入ってもらって、離婚したほうがいいです」

毎日のようにひびの入った夫婦を見てきている人のいうことです。

私が即座に弁護士事務所に行きますと、話を聞いた弁護士さんも、よく私の立場を理解してくれて、これは調停ではなく本裁判にかけたほうがいいと助言をしてくれたのです。

私は離婚に向けて着々と準備を進めました。おかしなもので、人間、何事をするにも、それは商売も同じですが、目的を定めたら、そこに向かって時間、手段、経費、などきちんとした計画を立てなければなりません。そして初心を貫くのです。迷ってはいけません。

さて、準備というのは、離婚を成就させるための、相手の落ち度や責任を、きちんと確証を持って揃える作業です。

夫はこの段になっても私の行動を全く知ろうともしませんでした。よもや、自分が崖っぷちに立たされているとは気づかないのです。

そして、夫に話す日が来ました。

夫の離婚に対する認識の甘さには驚かされます。まだこの人は私が真剣であるということを分かっていないのです。全てがそうでした。人の真意を汲み取ろうとするところがないばかりか、自分の保身だけに目を向けているのです。

そして、自分に甘く都合のいいことをいってくれる人の意見を聞きますが、厳しい意見には、「そんなことは分かっている」「うるさいな」

といって耳を貸そうとしません。

この時も、夫に取り入っていた例の八尾の地主という男が出てきて、訳の分からないことをいっていました。

「ご主人のものは、ご主人のもの。奥さんのものは二人のもの」とか、「出るとこに出たら、あんさん負けまっせ」

と、しゃしゃり出てきていましたが、夫はこの男をずいぶんと頼りにしているようで、この男の話のおかしいとこすら分からないのです。

私はアホらしくなって、取り合わずに黙っていると、夫はその沈黙を私が諦《あきら》めたと思う始末です。先の見えない男は、何をいっても、自分に都合の良いほうに考えがちです。

私は夫の浮気の現場を掴むために、探偵まがいのことまでやりました。夫の行動を車で追跡調査をしたのです。まるでテレビドラマの一シーンを自分でやっているようでした。

離婚というややこしい問題を解決するための深刻な場面なのですが、なぜか私は自分の行動を楽しんでいるようなところがありました。どんな時にも暗くなったり、沈みがちになったりせずに、明るく立ち向かう〝お伝さん〟魂がこんな場面でも出てしまったのです。

今思うと少しこっけいな風景です。それでもその時は真剣だったのです。結局その追跡劇は途中、赤信号に引っかかり中止になってしまいました。そこまでするか、ということの裏には、私の離婚に対する堅い決意があったということです。

そして、私の財産の保全や慰謝料のことなど、大方の準備が整って弁護士さんと一緒に、とりあえず夫との話し合いの場を持ちました。

「お前、ワシを嵌《は》めたな！　離婚せんというたやないか！」

夫は騙《だま》し討ちにあったとでもいわんばかりに絶叫しました。

私もここまできたら、腹が据わっていました。

「人聞きの悪いことといわんといて！　みっともない。自分が私にしたこと、よおく考えたら、こうなること分からんのですか！」

頭に血が上った夫は、本性を丸出しにして机をひっくり返す乱暴に出ました。

「柿沢さん、あなたの行為は暴力行為及び器物損壊罪《きぶつそんかいざい》になりますよ」

弁護士さんの厳しい叱責《しっせき》が飛びました。

結局、裁判では私が二十二年間の妻としての役目をきちんとしてきたことを評価されて、私の一方的な勝訴となりました。

しかし、たとえ夫の落ち度十分な離婚裁判とはいえ、あまり気分のいいものではありません。夫婦間のことをあらかさまにいわなければいけませんし、その中には夜の営みのことなども根掘り葉掘り聞かれます。よくレイプや痴漢《ちかん》にあった女性が裁判を嫌がる気持も分かる気がします。

そしてこの裁判の判決は結審してから半年という、異例の速さで出たのです。

「昭和五十九年十二月二十九日までに夫・柿沢は八尾の家から立ち退く事」として離婚が認められました。

判決の出た日、「たかはし」に出勤する前に、私はこれまで夫との争いのいきさつを全てお話しし、相談にも乗っていただいていたある銀行の支店長さんに報告に行きました。

「おう、〝お伝さん〟どうやった？」

「はい、離婚成立です。ありがとうございました」

「そうか！　よかったな。〝お伝さん〟万歳や、万歳や」

そういって、その支店長さんは自分のことのように喜んで、胸の前で万歳三唱をして見せてくれました。そして、

「新しい一歩がまた始まるな。しっかりきばってや」

と、心から応援の言葉を送ってくれたのです。

店に帰ると店内は一杯です。私の離婚の裁判経過を知っていてくれたお客さんたちが、心配して来てくれていました。

「お陰様で、離婚できましたでえ」

私の涙ながらに、晴やかな報告に、店中のお客様が拍手してくださっていました。私は、

「ああ、自分にはこんなに大勢の味方がいる。人を大事にしてきてよかった。母のいうとおりや」

と、つくづく母に感謝していたのです。

これが〝お伝さん〟の結婚、離婚から得た教訓の全てです。でも、父と母には結婚した喜びを見せ、離婚した悲しみを見せなかったことだけでも、親孝行をしたのではないかと思っているのです。

第四章　万歳！

活き活き現役〝お伝さん〟

1　お客様百態

私は今年の正月で七十七歳の喜寿《きじゅ》を迎えました。

今の「たかはし」の店の壁には「祝開業四十二周年」の張り紙が貼ってあります。新聞紙を広げたほどの大きな紙に、その文字が大きく誇らしげに躍っています。常連のお客様のお一人が、毎年、書き換えては持ってきてくださいます。

大阪・梅田の堂山町に、素人ながら「たかはし」を開業したのが私が三十五歳の時。

そして昭和五十三年、今の曽根崎町の梅田オレンジビル七階に移転して今日まで、都合四十二年間、波乱万丈の中どうにか無事にこの商売を続けてこられたのも、このような温かいお客様との心の交流があったからだと思い、心から感謝しています。

大阪広しといえども、私のこの年齢で今もなお、お店に行きお客様の前に出て、カウンターに入り、それこそ年季の入った手つきでお客様にビールを注ぎ、そしてカラオケで歌の一つも披露している現役のママがどこにいるでしょうか。しかも楽しく明るく活き活きと。

恐らく日本国中探しても、私のように現役で働いている方はいらっしゃらないのではないかと思っています。

（私はな、別にギネスブックに載ろうと挑戦している訳ではありませんで！）

この二十一世紀、私は心を大切にする世紀だと思っています。

お金や物や名誉、規模の大きさを競う時代は終わったのです。そう思いますと、私が昔から商売道とともに生きてきた道は、間違っていなかったと思わざるを得ません。

私がこうして四十二年間も「たかはし」を続けてこられたのは、私の流儀でその信念を貫いてやってきたからだといえます。

その信念とは第一に、お客様との心の結びつきを大切にした店づくりを、心がけてきたというところにあります。

その「たかはし」の店の格を、みなさんに認めていただけたのです。「店格」とでもいいましょうか。それが如実に表われているのがお客様の「質」なのです。

ただお断りしておきますが、私はお店の格を上げようとして、お客様を選んできたのではありません。私の信念と生き方に合ったお客様が集まったから、続いてきたといったほうが当たっているかもしれません。

「たかはし」はお酒を楽しく飲む場所です。

お酒を飲むには飲むなりに、それぞれのお客様には様々な心模様があるはずです。もちろんそんな理由があってもなくても、お好きな方は飲みに来られますが、それにしても、楽しく飲む場であるに越したことはありません。

ですから私は出来るだけ、楽しい雰囲気のあるお店、温かく心が行き届いたお店づくりを心がけてきました。

お店にいらっしゃるお客様は、それはいろいろな顔をしていらっしゃいます。

いつも賑やかに入ってくる方でも、フッと寂しげな表情を見せる方もいますし、何か心に溜まったものを持っている方もいます。話しかけると返事はしてくれますが、肝心なことは上の空で聞いている方とか、それはそれは千差万別です。

そのような方々の姿を見るにつけ、私は次第に母親になったような気分で、その方たちを見ている自分に気がつきます。そういう時は、

「さあ！　何もかも忘れて、今日はとことん飲んで、歌って、パアッと騒ぎましょう」

そして明日は明日。今日の憂《う》さは今夜に捨てて、明日はまた元気で働けばいいのですから。

「たかはし」は皆さんが元気になるのでしたら、喜んで「心の憂《う》さ

の捨て所」になりまっせ！　というのが私の心意気なのです。

お客様と私は元を正せば、見知らぬ者同士の赤の他人です。それが「たかはし」という店のご縁で、まるで身内のような間柄になるのですから不思議です。

ですから、きついこともたまにはお客様にいうこともあります。しかし、そこにはお互い許し合った心と心の本音のぶつかり合いがあるのです。

いろいろなお客様を見ているうちに、私はあることに気が付きました。

私は永いこと、店をやりながらも一つだけ続けてきた習いことがあります。

それはお習字です。

「お伝ちゃん」とニックネームで呼ばれていた、大阪瓦斯時代から始めたお習字は、途中ブランクがありましたが、今日まで二十年間、未だに習い続けています。お習字というよりも書道といっていいいでしょう。

私が書道に身を入れ一生懸命になりだしたのは、生駒山の麓に家を造ってからのことでした。月に一度は信貴山の合宿に参加をし、日曜日ごとに行われる研修には必ず出かけました。日本書芸院で有名な村上三島、小坂奇石先生及び数々の先生の手ほどきを受け、三年間の時間を要して論文を書き、私が五十五歳になった時に、師範の免状まで手にすることが出来たのです。大きなコンクールの日本書芸院展に入選したほどですから、よほどこの書道は私に合っていたのかもしれません。

墨を硯の海と丘の間で擦《す》っていますと、ほのかな墨の香りが立ち込めてきて心が次第に静まってきます。無心の境地に入れますし、世俗的なことは心から離れて、ただ無の世界に浸《ひた》る時間、それは私の大好きな時間でした。

そして、筆先に墨を含ませて、白く無限の空間に、自分自身の有り様を写すように筆を走らせます。身体中がしびれるほど緊張のひと時がそこにありました。

そこで、私が気が付いたことは、「字は地が出る」ということです。本性というか心の有り様が、つまり、その人の性格そのものが字に表れてくるということです。

文字にはそれを書く上での約束事がたくさんあります。いかに美しく、誰にでも気持よく、その字とするところを分かってもらうために、伝えるべき約束事です。書き順も、力の入れ所も、そしてバランスも、全体の調和も全て約束事から字は成り立っています。この「字」を今、自分の「地《ぢ》」と置き換えて考えてみてください。

字が上手くなかったり、癖のある字を書く方、何が書いてあるのか分からないような字を書く方は、きっと約束事を守れない、自分勝手な方だと思います。

そして癖のある字を書く方は恐らく我《が》の強い方ではないでしょうか。私が上手な字だなと感じる字の第一は、素直な字です。なんの衒《てら》いもなく、気負いもなく坦々《たんたん》とした字は見ていてその方の人柄がよく分かります。

ですから〝お伝さん〟がつらつら思いますに、字というものは必ずしも達筆である必要はないのです。素直な字であればそれだけで十分ではないでしょうか。

2　お客様との交友録

お客商売をすることで、人を観察する眼も養われてきました。

特に、お酒を飲む場というものは、皆さん「地《ぢ》」がどうしても出てきてしまいます。

永いこと店をやって、人様と交流してきて得た特技に、「人を見る」という目が備わってきました。

そんな私がなんであんな男と結婚したか?といわれると、そこはちょっと痛いところですが、まあ、誰にでも目の狂いということはありますやろ。それですわ。

それはともかく、いろいろなお客様が私の前を通り過ぎていきました。

そして未だに「たかはし」という止まり木に寄り集まって、羽を休めていらっしゃる方もいます。

「たかはし」が出来た頃に生まれて、お父様に連れてこられていた方がいるかと思うと、年に一度しか来られませんが、必ずその日にいらっしゃる、七夕様のような方もいます。

酔い潰れて店のソファで朝を迎えた方とか、「たかはし」が最後に出すサービス品〝お味噌汁〟を涙していただいた独身の女の方とか、私はこの方々と心からのお知り合いになれたことを、いつも誇りに思っているのです。

こんなこともありました。

その夜、Tさんというお客様がどうも様子がおかしいのです。

「どないしたん。奥さんと最近上手いこと、いってないのと違う？」

「なんで、分かるねん」

「そりゃ、分かりますがな、何年付きおうとると思っているの。それで、どないやねん？」

「………、………」

Tさんは黙ってグラスを口に運んでいます。

「あかんやんか！」

とちょっときつくいいますと、

「マンネリやねん」

こういう答えをする人に限って、人に責任を押し付けている方が多いのです。まず自分はどうかということをほっておいて。

ですから私は一言。

「あんたも辛いやろうけど、奥さんはもっと辛いのと違うか。男なら自分よりも大事な奥さんのことを先に考えな、いかんと違うの？」

こういっている時の私は、まさに母親になっているのです。

何日かして店にいらしたTさんの晴ればれとした顔を見て、私は安心しました。

「〝おかぁーん〟ありがとう、あんじょう、いきだしたわ」

「クラブ千寿」を開店して、そろそろお客様から信頼をいただきだした頃、常連のお客様の一人が、

「ママ、ちょっと、相談があるねん」

と、いいますので、店の終わった後、近くの深夜喫茶店で待ち合わせをしました。

「実は、女が出来てな……」

まだまだ、男と女のことには経験不足だった私は正直「困ったな」と思いました。とはいうものの、そこは私かて一人の女です。興味半分で聞いてみますと、別れる切れるということではなく、その女《ひと》のためにマンションを探してやってほしいということでした。

「まかせて」

私は二つ返事で引き受けました。こんな秘密なことを頼まれるからには、〝お伝さん〟よっぽど信頼されていると思ったからです。

人とは面白いもので、「内緒やで」といって聞いた話は、「ここだけの話やけど……」といってあっという間に広まります。「他人の秘

密」ほど甘美なものはありませんから。

ですから、人から秘密の相談を受けた時は、死ぬまで約束を守っていくことが筋ですし、それが出来ない人は人から信頼されないでしょう。約束を守った私に、その方は十分な気持を見せてくれました。


店のお客様には、いろいろな職業の方がいらっしゃいます。警察官はもちろん、税務署員、弁護士、お医者様にお坊さん、いらっしゃらないのは葬儀屋さんくらいで、中には〝きな臭い〟人もいらっしゃいました。この商売にはつきものみたいな方ですが、その、それらしき人は入ってくるなり、

「しのがせてくれ」

というのです。まだ素人ママのことですから私は、

「それ、どういう意味ですか?」

「なんや、ママさんそんなことも知らんのか?」

一度出て行ったその人に代わって、今度はきれいな女の人が入ってきました。

「うちの若い者が、迷惑かけたね。お宅、堅い商売してるんやね」

「ええ、警察の方も仰山《ぎょうさん》きてはるのでっせ！」

その姐《ねえ》さん、

「一回だけでも、付き合って、出したってえな」

私は当時のお金で二万円を出してやりました。それっきりです。

そんなこともあって、警察の方にも仲ようお付き合いさせてもらって、店にもいらしてくれています。

ある時、私は大変にお世話になったことがありました。といっても、決して私が疚《やま》しいことをして捕まったということではありません。

ご承知のように水商売の女の子のお給料は、一般の人に比べてまだ高い時代でしたから、「たかはし」でもお給料を出すと、ほっとするものの、経営者はすっからかんになることもあったのです。

曽根崎署がまだ古い建物だった頃のことですが、夜、遅くなってお給料を払い終えた私は、気がつくと、食事代さえ残っていません。以前にお客様から警察なら少しくらいは貸してくれると聞いていたものですから、仕方なく私は曽根崎署の親しい部長さんに会いに行ったのです。

「堂山町の〝おかぁーん〟ですが……」

「なんや、おかあん、どないした」

「ちょっといいにくいのですけど……お金貸してもらえませんか？」

「………、………？」

この部長さんとは、妙なことが縁で知り合い、仲良くさせてもらっていました。

「たかはし」が入っていた堂山町のビルが不法建築で、そのため警察が頻繁《ひんぱん》に時間外営業を取り締まりにきていたのです。お客様の都合で、私のところも時間外になる時もあって、その度に警察から始末書を取られていたのですが、この取調べの時、私は隠してもしょうがないことですから、正直に包み隠さず言い訳をしないで話したのです。それが好感を持たれたのでしょう。処分もなく済みまして、その時からのお付き合いです。

「今日は月末でしょう。銀行に払って、給料出したら、お金持っておらへんようになってしもうて、お昼かて食べてないし……」

「わかった。飯、食わしたる。その代わり男臭いぞ」

部長さんは署内の食堂に連れて行ってくれました。

聞きしに勝る臭いところでした。手錠をかけた人はうろうろしていて気持が悪い上に、出てきたおうどんは、出し汁が真っ黒です。空腹こそ美味しくいただくコツかもしれません。

〝お伝さん〟そのおうどんをぺろりと平らげてしまいました。

あの時の味を今でも私は忘れません。人情で温かい、心の籠《こも》った味つけでした。

母がいつもいっていました。恩を返さなければいけないことはもちろん、心を込めて話せば必ずその心は通じるものだと。

その部長さんから千円を借りた私は、何度もお礼をいい、警察署を出てきたのです。本当におおらかな時代であり、心豊かな部長さんでした。


私が永い年月の間に、お店のお客様と私という間柄だけではなく、仲の良いお友達になれた方は、それは数多くいらっしゃいます。

それもこれも、何らかのご縁があってのことだと思いますが、ご縁というものは不思議なもので、人それぞれによって長く続いたり、一度きりで終わってしまったりするものですね。

ですから、月日の長さだけでは縁というものは深まらないものだということをしみじみと感じています。

何十年一緒にいても、気心が通じない人がいるかと思えば、つい二、三日前に会っただけなのに、お話をしているうちに、もう昔から気心の知れたお友達のようになれる方もいるのです。

つい最近、私の一番新しい心の友だちになっていただいた方に、城満子さんがいます。

二人が出会った場所が、とても変わったところで、親しくなった後、

「私たちは本当に臭い仲やね」

と二人でよく笑い合っています。そうです、二人のレディが出会ったのは、三井アーバンホテルのトイレ、化粧鏡の前でした。

城さんは、三井生命にお勤めされていて、女性の中でもトップセールスレディの方でした。もっともそんなことを私が知ったのはずっと後のことですが……。

それは去年の秋の始まり頃だったでしょうか。

私がお手洗いを済ませた後、鏡の前に行きますと、先に鏡の前に立っていた城さんが、さっと私にその場を譲ってくれたのです。もし私に娘がいたら、と思えるくらいの方です。とても落ち着いてい

て上品な方でした。物腰といい一言二言口を利いたその言葉使いといい、そして人に対する優しい心の配慮といい。

私が場を譲っていただいたお礼にお茶をお誘いすると、一瞬驚かれたようですが、すぐにご一緒しましょうと快くいってくれました。

それはそれは満足感のある、とても素敵な時間でした。話せば話すほどこの方の教養の深さと、お育ちの良さが私には分かります。まるで何十年も前から友達だったように話が進み、心が通じ合います。

二人に共通するところは仕事に対する姿勢でした。私が四十数年、「たかはし」をやり、未だに現役で店に出て続けていると聞いた城さんの驚き様はありませんでした。城さんも仕事と主婦と、妻の三役を立派にやっていらしたのです。私は自分の若かりし頃の姿を見るようでした。

城さんは一言、

「私は、仕事よりも家庭を何よりも一番にしています」

ときっぱりと言い切りました。そしてそれはプロのカメラマンとして活躍している主人（城道憲様）の理解があるから、とおっしゃったのです。心持ち恥ずかしげに。

その日は、またの再会を約束してお別れしました。

次の日の朝、玄関の外に小さな淡いクリーム色の花を咲かせた鉢植えが一つ置かれてあります、メッセージが添えられて。誰だろう、鉢植えを手にしたところ、メッセージには昨日の出会いの喜びと、お礼の言葉が書かれていて、最後に城満子と小さく認《したた》めてあります。

優しい心配りでした。そのマグニフィナの花は今でも私の部屋のベランダで、幾つも花を咲かせています。まるで私を見守っていてくれるように。

この城満子さんが私の娘のような方ならば、息子のように私を慕ってきてくれているのが植里輝昭さんという方です。

元・住友銀行の梅田支店にいらした方で、この方は九州は天草の出身で銀行員とは思えないほど情が深く、見かけはどこか、野菜市場の大将のようで、その大柄な身体の中にはいつも、お客様第一というを考えがありました。私が日頃のお世話のお礼をいう度に、

「おかぁーん、僕らにとっては大事なお客様はおかぁーんのほうじゃないですか。させてもらって当たり前ですよ。これが住友の精神です」

植里さんは口先だけではなく、きちんとそれを実行して見せてくれました。こんないい台詞《せりふ》がいえる銀行員が、最近はとんと少なくなってしまったことは本当に残念です。

そしてこの方のお酒は大変愉快でいいお酒なのです。時には夜が白々明けるまで。朝まで飲むといえばこんなことがありました。

電車が走る朝まで、店で寝させてくれというのです。

「ここを梅田オレンジ・ホテルとでも思っているのかいな」

すでに寝息を立てている彼は憎めない顔です。私はＮＴＴの電話帳にタオルを巻いて、特製の枕を作ってあげました。見ると、ボッ

クス席の下でもう一人が何かごそごそしています。

「なんだここにもおったのかいな」

その人はやおら頭の向きを変えました。

「どうしたん？」

「臭そうて、臭そうて……」

なるほど、そこを頭にして寝ていると、植里君の靴下の足が鼻の上にきているのです。

「難儀やな、それじゃこっち、頭にし」

と、入り口の方に枕を置いてあげると、その人は今度は、

「おかぁーん。寒うて、寒うて、入り口から隙間風が……」

私が初めて、店の換気がいいのが分かったのは、この時からです。

この難儀なお客が、植里さんと同じにいらしていた日高輝樹さんでした。

この当時は私も若かったですし、皆さんも働き盛りでした。そして日本の国も元気な頃だったのです。

この植里さんと同じように気持のいい方に、田坪さんと一緒にいらしていた高橋英朝さんという方がいらっしゃいます。同じ高橋姓ですから、なぜか他人のような気がしないで、私が「息子」扱いをするものですから、ご本人もすっかりその気になって、店のドアーを開けるなり、

「おっかさん、お久しぶりでござんした。番場の忠太郎でございます」

といって、賑やかに入ってきます。この方がいらした途端、店の中は私とこの息子の掛け合い漫才、息もぴったりで、他のお客様たちが大喜びをされるのです。

しかし、そのアホが出来るところがこの人のすごいところやと、私はいつも感心しています。そのけじめのつけ方が見事です。遊ぶ時はとことん遊ぶ、そして仕事は仕事としてきっちりと片づけて、やはりこの方もプロ意識をしっかりと持っていらっしゃいました。

そして、毎度、

「おっかさーん、お達者でえー」

といって帰っていかれます。しばらく、店の中は水を打ったような静けさが漂っています。

また、「たかはし」にいらして、私と三重の縁で結ばれていたという奇遇な方もいらっしゃいます。

それは、武田啓次さんです。今は現役を退かれて、悠々白適に和歌山の方で奥様と暮らしていらっしゃいます。

武田さんがお店に初めていらしたのは、大阪にオリンピックを誘致する計画が進んでいた頃でした。

その頃、前島を開発するために、大阪瓦斯本社からオリンピック招致委員として出向されていたとお伺いしたと思います。

その当時の港湾局長をしていた高原さんに誘われて、カラオケで歌でも歌いながら飲もうかということになったそうです。高原さんも山形出身の方で、この方に連れてこられたのが「たかはし」だったのです。私と話されているうちに、なんと三つもご縁があるということが分かったのです。

その第一が、昭和三十六年に大阪瓦斯㈱に入社された武田さんは、お勤め先が私と同じで、しかも私の後輩だったということ。そしてご出身が山形県で、母の故郷と同郷だったということ、最後に同じウシ年生まれということで、三人でよく山形弁を交えながらお話をしたものでした。

「お伝さんは大阪瓦斯がなんで出来たか知っているかい？」

「さあ……、どこかで聞いたことあるような……、忘れてしまってますがな」

「そうだな。大阪瓦斯というのは、昭和八年に御堂筋通りが作られた時に、この通りにガス灯を灯すために作られた会社なんだ。電灯が普及してそれに代わるまで、御堂筋の通りにはガス灯が、夕方になると灯りだして……」

「ああ、そうでしたね。思い出しました。いい色でしたね。哀愁があって……」

「その頃は、点火夫《てんかふ》という人が脚半に半被《はっぴ》を着て、御堂筋の一本一本のガス灯に長い棒で灯つけて歩いていたそうや」

「それ、私見た憶えがあります。確か……長い梯子《はしご》を持って」

武田さんは本当に静かな方で、綺麗にお酒を飲む方です。少しも偉ぶるところがなく、穏やかに話す言葉といい、行儀のいい振る舞いといい、昔の古武士のような方ですが、意外な一面もお持ちでした。

ある日、武田さんが珍しい物を持っていらっしゃいました。それは故郷山形の菊の花でした。それを私に食べさせたくて持ってきたというのです。そして、なんと手際よく菊の花ビラをむしりとり、それをおしたしにして食べようというのです。ゆがく時に沸き立つ菊の香りが、なんともいえない清々しくも厳かな匂いで私たちを包んでいました。出来上がった菊の花を三杯酢でおしたしにしたのですが、癖のある菊の香りは消えて、口の中で歯ざわりのいい上品な味が広がっていました。そんな思いやりを武田さんは持ってきてくださる方なのです。

私が大阪瓦斯に勤めていた当時、その頃の経営者をはじめ、上に立つ人たちは皆さん、この武田さんのように、どこか人品卑《いや》しからぬ、本物の紳士然としたところが漂っていた方たちばかりだったのです。

また、店にはそれはそれはたくさんの肩書きを持っている方がいらっしゃいます。それは私たちが「会長さん」と親しく呼ばせていただいている小坂井義文さんです。北野地区連合協議会・北野連合振興町会会長をはじめとして、北野や大融寺町の振興町会の会長、大阪府飲食業環境衛生同業組合の理事、曽根崎防犯協会北野地区支部長などなど、そのどれもが本業の不動産業とはあまり縁のない役職ばかりが、名刺に載っていて驚きです。本当にたくさんの役職を持って頑張っておられます。

根っからの曽根崎の土地っ子というだけあって、お顔の広いことにも敬服します。しかもみんな自分のことよりも、人様のためにというお仕事ばかりです。なかなか出来るものではありません。

今の役職は会長が五十の頃からといいますから、およそ十五年間も人様のお世話をしてきたわけです。皆さんから信頼されてきたのでしょう。私が知る人たちがみんな口を揃えて、会長にはお世話になったといっています。

先だってお連れの方と会長が私の店のことを話されている時、お連れの方が、

「なんで、この店がこんなに四十数年も続いてきたと思いますか？」

と聞かれた会長は、即座に

「それは金や、つまり資金があったということっちゃ」

「そんなに、ここのママはがめついんですか？」

というお連れの方の質問に、

「アホぬかせ！　わしがいう金というのはな、財産や。その財産は財産でも、並大抵の努力をしなければ作られない信用という財産や。それが金を生む。活きた金を生むんだ。見てみい。ここの客層を。みんな色恋沙汰できている者なんか一人もおらん。正直、ママもええ齢だし。みんなママと気の合う人ばかりや。大阪・梅田、この商売の激戦区で『たかはし』が続いていることを七不思議みたいにいうけど、わしから見れば、少しも不思議でもない、当たり前や。いろいろ店を見てきているが、この『たかはし』のおかぁーさんのような気風で、水商売を立派にされる人は、もう梅田には出てこんのと違うか」

会長さん、ありがとうございます。私の本心のところを見ていてくださって。さすが会長ともなると見るところが違います。

3　心の通う「七人の侍」

天文学者にリプレーという人がいて、この人の言葉に、

「星を見つけることはたやすい。しかし、見続けることは難しい」

というのがあります。

私はこれは商売も同じだと思っています。

ある銀行の支店長さんが、「継続は信用、継続は力」といっていらっしゃいました。私はそのとおりだと思います。続けていけているということは立派な力です。

私が今日まで続けてきた水商売に、お客様の一人がこれは立派な事業だ、健全な経営術だといってくれました。私はどんなにその言葉をありがたく聞いたことか分かりません。

商売を続けるということは決して簡単なことではありません。

いくら自分がすばらしい店だと思っても、お客様がそう思ってくださらなければ、商売は続かないのです。お客様が何を求めて店に来るかを見抜けないようでは、いっそ店なんか早いうちに閉めてしまったほうがいいのです。

なぜならば、お客のほうが見放して、やがて潰れてしまうのが落ちですから。お客様に満足していただくということが、店を永く続ける上でどれほど大事か分かりません。

いらしている年月の長さに差はあるものの、私には大事なお客様、それもこの〝お伝さん〟の心意気が十分に分かってくれている方たちがいらっしゃいます。

私はその方たちを「たかはし」の七人の侍と呼んでいます。

そうです、この方たちは私にとっては、あの黒澤監督の映画と同じ、心の綺麗な、そして潔い「七人の侍」で、この私を今も大事に思ってくれている方たちです。

お客様というよりも「心の友」なのです。

その七人の方たちとの交友の様を、感謝の気持を込めて、ここにお手紙風に紹介させていただきます。

どの方も大事な方に変わりがありませんので、登場いただく順序は「あいうえお」順にしましょうか。

まず、井内唯嘉さん。

もうあなたとは三十年になりますね。

なぜか、あなたにはいろいろ、遠慮なくものがいえたのです。どんなにか、あなたがいうことのほうが本当の時があっても、私の勝気さで「ほっといて、うちの店や」だなんて、私の素顔を出せたのも、あなたのおおらかさに、私は甘えさせていただいていたのかもしれません。

店にやくざ屋さんが来た時に、たまたまあなたがいらして、私はどんなに心強かったことか。

いいえ、決してあなたの風貌が刑事さん顔負けといっているのではないのですよ。

「おかぁーん、一歩も引かんのやな。わし、びびったで」

といわれた時は、なんや頼りにしていいのか、悪いのか迷いましたで、ほんま。いろいろと、永い間、私の「地」を見せてきました、見てもらってきました。本当に人間として心から信頼できる人と思ってきました。今でもその思いに変わりはありません。私を、そして「たかはし」を、これからもよろしく、ご贔屓にしてください。

（なんですか？　おかぁーん、まだ続けるのか？　ですって！　当たり前ですがな。まだまだ……）


そして池田昌明さん。今では、普通の会社の偉いさんになっていますが、福徳時代に、このオレンジビルに入る時はお世話になりましたね。

「おかぁーんとこは、ホンマに客質がええで。よう、この厳しい梅田でやってこれたな、それもこれも、おかぁーんの心意気がいいからやで」

ありがとう、そういってくれて。あなたもまだまだ働き盛りや、後ろ向いたら男は負けでっせ。人生には波があるものやから、どうかこれからも頑張ってくださ い。

また美味しい物食べに行こうな。

今川隆介さん。

最近、あまり店に顔出さんけど、どないしているん。あなたには、いろいろこの世界の情報を教えていただいて、感謝しています。忙しくなって、営業で回りきれんのかもしれんけど、一年に一遍、二遍でなく、もっと顔を出してほしいわ。

あなたは、本当にこの商売の恐さや、危なさ、女の子の動向など情報通でした。仕事熱心なとこで、みんなに好かれていることと思いますが、優しい笑顔が心配なんです。あなたがいってくれた、

「おかぁーん。うちの会社は一本でも、大事なお客さんや、その後

ろには数え切れないほどのお客さんの姿が見えるさかいな。

だから、うちのビールは、そんな様々なお客様方の心を癒《いや》してさし上げるビール……そんなビール作りに挑んでるのですわ。

コップ一杯のほろ苦さの中には、人生のいろいろな味が味わえるようになっています。僕はそれの味を買っていただきたい」

この言葉に私は惚れたのです。

私の商売道と同じものを、あの頃のあなたに見たからです。

「初心忘るるべからず」、とよくいうでしょ。今は一番かもしれんけど、努力を怠ったらあきませんで。ええか息子！


角野誠一さん。

あなたと平井さんには、本当に偶然の出会いというものを感じています。よもや、あの私の前夫と同級生だったとは。

それを知らずにお互いに心安くなって、よく旅行にもみんなで行きました。お互いが前夫とのつながりを持っていたと分かったのは、その旅行帰りの電車の中でした。一本の煙突の前を通過した時です。いつも、私に気を使ってくれるあなたたちの優しさが身に沁みて嬉しく思うことばかりです。

偶然とはいいながらも、あの男が私の亭主だったと分かったその後の、あなた方の男らしい口の堅さには敬服するとともに、信頼の度を一層強くしました。

男らしい男という人が少なくなっていますが、あなたたちのような根っからの針中野に住む大阪人とお知り合いになれて、私は本当に良かったと思っています。

田坪好弘さん。

あなたがふらっと店に入っていらした時のことを覚えていますか？

「おっ、間違えてしもうた。まあいいか、どこで飲んでも同じじゃ」

そういってカウンターに座られたのが、十七、八年前。

あなたとのお知り合いになれたきっかけは、小さな間違いが始まりでした。それからは家族同然のお付き合いをさせてもらっています。

　先日もお家に電話を入れさせていただいた時、電話口に出られた方の声が田坪さん、あなただとばっかり思って、私はいつもの調子で、

「もしもし、おかぁーんや、どないしてるねん？　元気？」

　と勝手にしゃべっていると、

「はあ、元気ですけど、どちらさん？」

「なにいうてるの！　おかぁーんやがな」

「おかぁーん？　ちょっと待ってください」

　電話口の向こうで、声が聞えてきます。

「おとうさん、おかぁーんっていっているけど、誰や？」

「知らんがな、わしのおかぁーんは、もう何年も前にあっち向いてしもうたし、かみさんの母親は………？　何や、それ、たかはしの

おかぁーんと違うか？」

「知らんわ、出てえな」

よく似た声の父子の会話が聞えてきていました。

電話に出たのは坊ちゃんだったのですね。

もう、お身体の具合はよろしいのですか。女の私でさえ惚れ惚れとする、上品で素敵な見るからに賢婦人の奥様にあまり心配をかけないように。またお二人でゆっくりと飲みに来てください。

いつも年末にいただく蘭の花、奥様のお心遣いだと感謝していますす。そのお花を見ると、よし、また来年も頑張ろうと思うから不思議です。ありがとう。


越打芳仁さん。

あなたと初めてお知り合いになったのは、あなたがある毛皮店の店長をされていた頃ですから、今から二十二年前、私がまだ五十五歳の頃だったと思います。新聞広告であなたのお店を知り、一度行ってみようということになり、それは素敵な美人の友人と誘い合って行ったのが縁でした。

あなたが若いにもかかわらず、お客の心を掴んだ上手な接客態度に感心し、その時に私は「ああ、この子は将来、自分でも立派に店を持てる子だな」と思ったほどです。その日、私は黒の毛皮を、お友達は白い毛皮を求めたのを覚えています。あなたの薦《すす》め上手に負けて。時代も景気が上昇し始めていて、とてもいい時代だったからでしょうか、私は店の女の子たちにも紹介し、時には頭金だけでも私が立て替えてあげたりして、あなたのお店を贔屓にさせてもらいました。

あの当時はあなたを先頭にして本当に皆さんよく働いていましたね。

よく「おかぁーん、来たで！」といって五、六人の若い人と入ってくるのですが、皆さん、お仕事に疲れて飲むどころではなく、おそーめんやおにぎりをまずぱくついて、それからのお酒ですから、最後は決まってボックスで朝まで……という日も度々でした。

ですから、朝はラーメンなどを食べさせて、店からのご出勤。

「仕事だけは、きちんとせなあかんよ」

といってお尻を叩くように出社させる私は、まるで本当のおかぁーんになったようでした。

それが今では、あなたは本町の地下街に立派なジュエリーのお店を構える経営者。あなたの成長を本当に嬉しく思っています。ひょうきんなところは昔と相変わらずで、いつも面白い話をしてくださいますが、ふっと憂いを含んだ目をする時のあなたの胸の内には……、それを詮索《せんさく》するのは野暮《やぼ》というもの、私は見て見ぬ振りをしていました。

二十二年もの間、少しも変わるところなく、今も私をそしてこの「たかはし」を大切にして来てくれているあなたの優しさ、いつも感謝しています。いつまでも、あの時のバイタリティを持ち続けて、もっともっと大きくなってくださいね。

最後の七番目になってしまいました。

三島忠彦さん。

黒澤監督の『七人侍』でも七番目の、三船敏郎が演じた菊千代という最後まで生き残った男、情が深く、最も基本的なところから物事を見て、そしていつも大衆のことを考えていた男、憶えていますか。

あの映画で、最後に「誰が勝ったかといえば、民だ、力のない民が勝ったんだ」という言葉。

私は本当の息子のように思っているあなたに、あの三船敏郎が演じた菊千代をいつも重ね合わせている時があります。男としての真髄の部分で。あなたが、まだ福徳の普通の行員でいらした頃、がむしゃらなまでにお客先を回っていた姿が今でも目に浮かびます。持ち前のガッツと負けじ魂で、一直線に突き進むあなたの若かった頃は、とても清々しかったですよ。下の人の面倒もよく見ていましたね。

今は立派になられて、人の上に立ち、会社を立派に経営しておられる姿を見ると、なにか自分の息子のことのように嬉しくなってきます。

あのベルト事件、憶えていますか。

あなたがまだ、奥様と結婚した当時でしたかしら、「たかはし」で飲んで。ソファで寝込んで、ご一泊。

（なんだ三島！　お前もかって、池田さんの声が聞えてきますよ）

さあ、おうちに帰ってからが大変。男が出かけた時にしていたベルトを、本人がしないで帰ってきたのですから。分かりますね。奥様の気持が。ベルトはソファの下に落ちていました。奥様とはそれまで何度も電話で仲良く話をさせていただいていた私が、あなたのアリバイを証明したので、一件落着。それからは前にも増して奥様とは仲良くさせていただいています。

なに？　心配しているんですか。大丈夫、いくら私が話し好きでも、これでも四十数年、この世界で生きてきた私です。あなたが心配されるような、余計なことはしゃべりません。なんです？　しゃべられても困るようなことは、何一つない？　それならよろしいですがな。堂々としてなはれ！

それにしても、本当にあなたには心の支えになってもらってきました。感謝しています。いつか、あなたがぽつりといってくれた言葉は、私が商売をやってきてよかったと、つくづく思わせてくれました。

「おかぁーん。どこに行って飲んでもな、最後はここに来ているのや、不思議やな。安心するのかな、ここに寄らんとどうも落ち着かなくて……」

あなたのような心で来てくれるお客さんが、今夜も一杯です。

今度、昔の「たかはし」同窓会をやりましょうな。

（えっ？　誰が幹事かて？　あなたたち息子が音頭とって決めないでどないすんねん。馬鹿もん！）

私も、あなたたちに心配かけんようにまだまだ頑張るから、また、お店のほうに遊びに来てな。ありがとうな、いつも。

これで七人の方、全てにご登場いただきましたが、私の心の中に残っている方は、この他にもたくさんいらっしゃいます。頁数の関係でご紹介できない方には本当に申し訳なく思っていますが、どなた様も私にとっては、大事な方ばかりだと思っています。

エピローグ

★ 丈夫という財産

ここまで、私が生きてきた年月を思い返して、その時々の人生の節目ごとに心に思い浮かんだこと、感じたこと、人様との巡り合い、そして別れを綴ってきましたが、その底辺にあった私という人間を自分で振り返ってみますと、よくぞ……ここまで……という言葉の中に全ての感慨が織り込まれると思います。

それは決して私一人が自分の力だけでなく、あらゆる皆さんのお力添えや、お知恵を借りながら生きてこられたのだと、常々思っていることを改めてわが身にいい聞かせています。

そして、「よくぞ、頑張ってきた、信念を曲げずに」と、私は私の生きてきた生き様に満足しています。大きな声で、生きてきて良かった、私はなんと幸せな人生を歩かせてもらったのだろうと、生きた喜びを全身で感じています。

ですから、これからも、まだまだこの溌剌《はつらつ》とした気持を持って、「人生現役」で過ごしていこうと思っています。

それには何が一番大切かと思いますと、そこに出てくる答えは一つ、「健康であること」です。

身体だけでなく、心も生き方も健康でなければならないと思っています。

心の持ち様一つで、身体の調子がおかしくなります。そして世間との繋《つな》がりにも支障をきたすでしょう。その世間との事情が悪くなればなるほど心が病んできます。ですから、身情と事情と心情は一つだといえるのではないでしょうか。

私はよく、人様からとてもそのお年には見えないといわれます。もちろんこれといった持病はありません。ただ一つ最近は膝が弱ってきていますが、だからといって足を引きずることもないし、階段でもどうにか自分で上り下りしています。

私の自慢の一つには健康があります。

小さい頃は病弱でしたが、両親のおかげで、それらの病気はすべて克服してきています。

しかし過信はいけないということに、ある時気がついたのです。私が倒れたら、店の女の子たちはどうなるのだろうかと。少ないといっても人を使っている経営者として、当然のことで、その人たちに責任があります。まして私などは代わりの者がいない経営者ですから。経営者たる者、自分の健康にも責任を持たなければなりません。

年齢はその人の思惑とは関係なく積み重ねを続けていきます。いくら抵抗しても、正直に身体がその年齢を教えてくれる時があるのです。

私でも例外ではありません。四十は四十として、七十は七十として歳を重ねていくことを止めることは出来ません。

そこで、私は健康を守るために、最大限の注意を払う生活に切り替えました。睡眠を十分に取ること、三食をきちんと食べること、そして身体に悪いことは出来る限り避けること。ですから、よく一緒に皆さんとお食事をする機会がありますが、どの方も一様に私の健《けん》啖《たん》ぶりに驚かれます。残すことがもったいないという気持もありますが、それよりも出されたものは全ていただくのが私の主義ですから。そうしていると、気がついたことがあります。自然と身体が教えてくれるということです、健康な身体を保つ術を。それは身体の欲求に逆らってはいけないということです。寝たいと思ったら寝ればいいのです。食べたくないと思ったらその時は無理に食べなくてもいいのです。つまりは無理はいけないということでしょうか。

それは、働きすぎにもいえることです。一生懸命に働いたら、身体が芯から休みたいと教えてくれますから、その時は身体のいうことを聞いてあげればいいのです。

私は今、七十七歳になっても現役で頑張っていますから、身体を休める時は思い切り贅沢に休むようにしています。贅沢といっても物とかお金ではありません。時間と、心の持ち様を贅沢にという意味です。その贅沢をすることが楽しみになってくるから、日頃から一生懸命に働いているのです、満足を得るために。

私はもう何年も前に、そのリゾート会社が事業を展開しだした頃から、あるメンバー制のホテルのオーナー会員になっています。

そこは名古屋に本社があるリゾートトラスト㈱が経営する「エクシブ」で、この「エクシブ」は日本各地の風光明媚《めいび》なところに、リーゾートホテルを造っていますので、私たちオーナーはいつでも利用出来ます。

私を南紀白浜へ一泊二日の体験宿泊に連れていって、「エクシブ」への入会をすすめてくれた方が当時、同社の大阪支社にいらした井上千穂子さんでした。彼女は知的な方で少しも押しつけがましくなく、私は千穂子さんの人柄に魅かれて会員になったようなものです。

確かに、オーナーメンバーになるにはそれなりの金額がかかりました。しかし私が日頃の疲れを癒し、気分を良くして、さあ、また、明日から頑張ろうという気持の源になってくれますので、健康のことを考えると、高い買い物と私は思いません。それほどこの「エクシブ」はどこのホテルも、私を満足させてくれます。

いつも私が利用する「エクシブ琵琶湖」などは、湖に面した南欧風の建物はさることながら、ここに働く皆さんはそれはそれは心の行き届いたもてなしをしてくれます。

この口やかましいことでは天下一品の〝お伝さん〟がいうのですから間違いありません。

サービスとは徹底してサービスをしてこそ価値があるということを、ここの皆さんは全員が分かっているようです。

だから、私は心と体を休めに行くことが出来るのです。それを思うと少しも高いとは思いません。安心と得心と活力を得られるのですから。この「琵琶湖エクシブ」は送迎バスの運転手さんから、フロントの方はもちろん、お部屋を掃除してくださる方に至るまで、さぞいい教育がなされ、全員がその教育を会得しているのだと思います。琵琶湖と対岸の比良の山々の美しさに引けを取らない、皆さんの心の美しさが私をもてなしてくれます。

健康とは病気になってから取り戻しても、本当の健康になれないのではないでしょうか、日頃から、病気にならない心がけを続けているところに真の健康があるのです、心身ともに。健康を害して高い病院代を払うくらいなら、日頃から健康を保つことにお金を使っていたほうが、よっぽど活きたお金の遣い方ではないでしょうか。

ですから、心に憂いがないのですから、なんでも食べた物は体の中を正しく通っていきます。それぞれが正しく働いていきますから、いらなくなった物は、大きい物も小さい物も、毎日決まった時間に、きちんと出てきます。これも健康を保つ秘訣でしょう。

お陰様で、まだ、誰にもお見せしていませんが、私の肌は艶《つや》もありますし、透き通るような白さを保っています。

顔にしてもシミ一つなく、この年齢にしては皺《しわ》だってほとんど目立ちません。なぜでしょう。私は自信を持っていい切れます。心がいつも健康だからです。未だに現役であるという人生に張りがあるからでしょう。

去年の十一月の連休に、私は伊勢の海がなぜか見たくなって、「エクシブ鳥羽」に二泊三日で行ってきました。

見事なロケーションです。自然の中に溶け込んだそれぞれの建物は、白亜の装いを緑の山々と、紺碧の大海原の前に翼を広げたように堂々と聳《そび》えています。

私が行った日、取ってくださったお部屋は五階の海に面したお部屋でした。

目の前には、緑の中に秋の彩りを織り交ぜた半島が見え、それに挟まれた入り江が、鏡のように静まり返っています。

目を上げると遠くに地平線が空の青と海原《うなばら》の藍《あい》を区切っています。

このパノラマの景観はそれを見ただけで、この部屋にきてよかったと私を癒《いや》してくれました。

私は疲れていたのかもしれません。温泉に入り身体を十分に労《いた》わった後、私は部屋のカーテンを閉めるのも忘れ、寝入ってしまいました。

普段は、あれほど少しの物音にも目聡《めざと》い私が、お手洗いにも起きずにぐっすりと安眠の時の中を漂っていたのです。

どれくらい経ったのか分かりません。夜が明けていました。

ふと、そう、本当に誰かにそっと声を懸《か》けられたように、私はふと目覚めました。

頭ははっきりしています。いつもの寝覚めのぼんやり感などどこにもありません。

誰が私を起こしてくれたのだろう……、部屋の中には誰もいません。当然です。しかし、誰かが私を起こしてくれたのです。

その時です。一条の光が私に向かって射し込んでいました。

日の出でした。

それは感動的なドラマの始まりでした。

荘厳《そうごん》な静寂の中で、大きな大きな場面が展開していきます。

水平線の雲間から顔を出した、この日の太陽は、昇るにつれて明るさを増し、私を射す光の強さを強めていきます。

そっとそっと私を暖めていきます。私は目が離せませんでした。

日の出が終わった太陽は大きな円でした。私がじっと見つめていられるほど優しい光です。

私は思わずベッドの上に正座をしていました。なぜか寝姿では申し訳ないと思ったからです。

日輪はぐるぐる、ぐるぐる回って昇っていきます。大きく大きくなって昇っていきます。

光の周りには幾つもの揺らめきがあります。

私はなぜか、涙が流れていました。

揺らめく日輪の中に母の姿を見たからです。

久しぶりに亡き母に逢っているような気がしたのです。

その日の太陽はまさに母の優しさであり、温もりであり、気高さだったのです。

「お母ちゃん、私、力いっぱい生きてきました。満足しています。これまでの人生、お母ちゃん、ありがとう。お母ちゃんのおかげです」

私は昇りゆく太陽に向って合掌をしながら、母に話しかけていました。

天空に昇った太陽は秋の陽射しを鳥羽の海に降り注ぎ、海は一面光る海原に変わっていました。

こんなすばらしい時間と場所を体験出来るのも、自分の努力で得てきた余裕というものがあったからでしょう。

健康で生きていくというすばらしさを、私はつくづくと感じないではいられませんでした。

★ 終わりに

さあ、これで私、高橋智弥子〝お伝さん〟の自伝風随想は幕締めです。

これを書いている今は、もうそろそろ年末が近づいてきている初冬です。今日も私は曽根崎町のお店「たかはし」に出ます。

私の毎日に少しの変わりもありません。

「たかはし」と私〝お伝さん〟を待っていてくださるお客様がいる限り、私は休むわけにはいかないのです。それは、私が私の中で自分とした約束ですから。

その約束は今では私の生きがいになっています。すばらしい約束だと思っています。

店に出る前、着ていく着物を選んでいる時に、ふと箪笥の中の地味な柄の着物が目につきました。

まだ、今よりは歳がいっていない頃、「クラブ千寿」をしていると、私は毎月のように着物を五枚は作っていました。なぜか、地味目な物ばかりです。母にあげたいと思ったからでしょう。しかし、買ってあげたのでは母に気を使わせます。そこで私は自分が一度袖を通してから、母に貰《もら》ってもらいました。私は母に何かをしてあげたくてしょうがなかったのです。一度あげてしまえば、後は母がそれをどうしようと、私の知るところではありません。お金に換えようと、ほかの物と換えようと。

そんなことは、本来は父がするべきことだったのですが、父はそういうところには少しも気が回らなかった人でした。根っからの職人肌で、探究心が旺盛《おうせい》でしたから、目はそっちのほうばかりに向いていて、母のことはもちろん、経営のことに対しても疎《うと》かったのです。

ある時、発明好きの父が「高橋文化梯子研究所」を設立するといっていましたが、一向に実現しないので、私が、資金は出すから会社を作ったら、といいますと、

「娘から金を借りてまで、することではない」

という返事が返ってきました。

私や母が男だったら、すぐにやっていただろうと思うと同時に、父の覇気《はき》のない言葉に、つい、

「そんなことをいっている場合？」という気持もあって、売り言葉

に買い言葉、

「そんなに逆らうのやったら、もう一銭も出さんよ」

といってしまいました。

父はやはり明治の人でした。男としてのプライドのほうを大事にしたのだろうと思います。

家には父の作った小さな梯子の模型がひとつあります。今も、私の側にあります。

着物にしても梯子にしても、見るもの全てが両親への思い出に繋がります。

それは、この私が父、母の年齢に限りなく近づいたからだといえます。いつも心の中に父母がいます。母に似合う着物が私にピッタリと似合うようになっています。

〝お伝さん〟がこうして皆さんに、私の気持を語れるのも、わが愛すべき両親がいてくれたおかげが、何よりも一番なのです。そして皆様の温かい見守りのおかげだと思っています。

特にこの書を私の半生の随想として出版することを薦め、数多くの助言をしてくださいました、日本美術家連盟会員で洋画家の野村《のむら》泰資《たいし》先生に心からお礼を申し上げます。ありがとうございました。

最後に私の大好きな言葉があります。これはお客様の一人が私にプレゼントして下さった、参議院議員の谷川《たにがわ》秀善《しゅうぜん》先生が書かれた色紙のお言葉です。

それを拝借することをお許しいただきましたので、ここに記し、終わりの言葉とさせていただきます。

永いことお付き合いくださいましてありがとうございました。

「人間の修業」

参議院議員　谷《たに》川《がわ》秀《しゅう》善《ぜん》

苦しい事もあるだろう
言いたい事もあるだろう
不満な事もあるだろう
腹の立つ事もあるだろう
泣きたい事もあるだろう
これをじっとこらえていくのが
人間の修業である

完

著者プロフィール

高橋 智弥子（たかはし ちやこ）

大正十四年一月三日岩手県花巻市生まれ。四歳の時に両親と大阪市生野区に移住。昭和十六年大阪天王寺高等小学校卒業。日本舞踊を習得。珠算は学校代表となり二段の腕前。

同年大阪瓦斯㈱本社管理部に入社。昭和十九年、疎開のために大阪瓦斯㈱退社。

戦後、広告宣伝会社経営などを経て、昭和三十五年、大阪北区堂山町にスナック『たかはし』を開店。昭和三十八年クラブ『千寿』を同町に開店。

三年後同クラブを閉店。現在、曾根崎町にて「たかはし」を営業中。

平成十四年喜寿を迎える。趣味は書道。日本書道院師範免状取得。

愛称「たかはし」の“お伝さん”は六十年間親しまれている。

お伝《でん》さんのあきない人生

2002年3月15日　初版第1刷発行
2010年5月10日　初版第3刷発行

著　者　高橋 智弥子
発行者　瓜谷 綱延
発行所　株式会社 文芸社
〒160-0022　東京都新宿区新宿1-10-1
電話　03-5369-3060（代表）
03-5369-2299（販売）

印刷所　図書印刷株式会社

ISBN4-8355-3749-1